# 북경으로 보낸 편지

- 좌해교유록(左海交遊錄)을 중심으로

# 북경으로 보낸 편지

– 좌해교유록(左海交遊錄)을 중심으로

수방울 원저
김동석 옮김

학자원

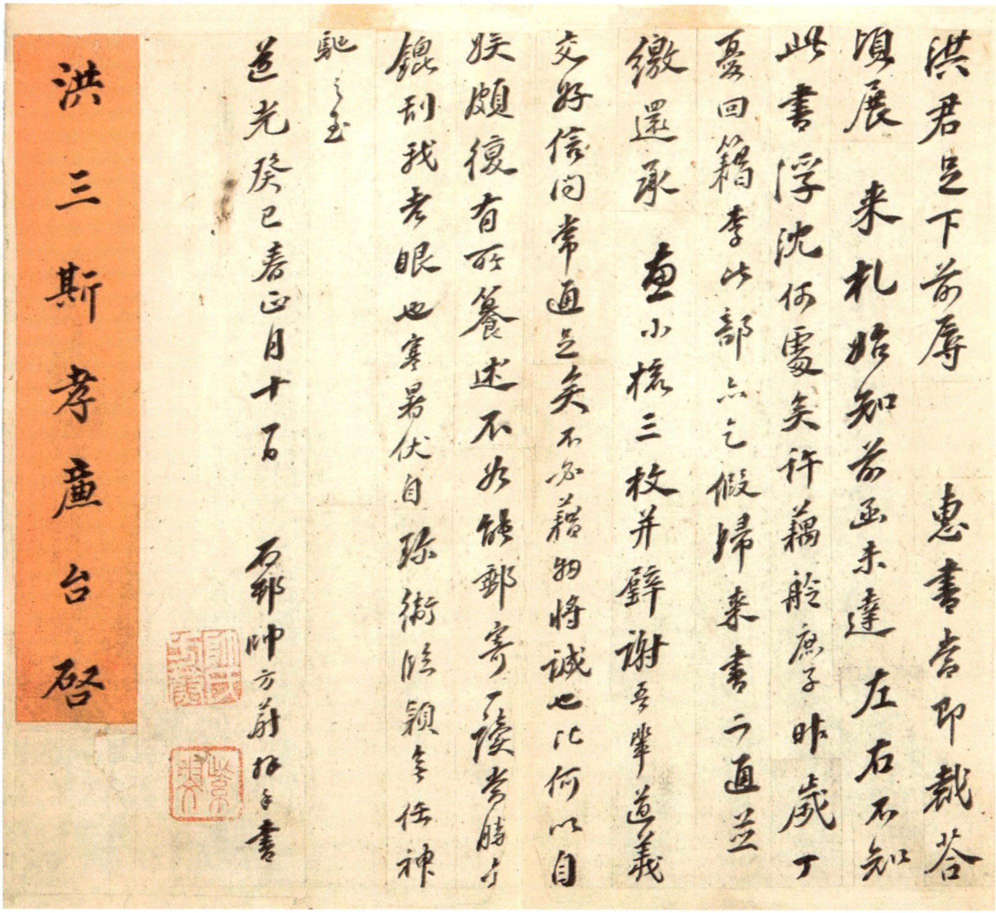
洪三斯孝廉台啓

**수방울(고칭연사)-018-081**

수방울이 홍향후에게 준 편지로 『고칭연사(古稱燕士)』 128면에 실려 있다. 그러나 『좌해교유록』에는 수방울이 홍양후에게 보낸 편지가 3편이 있지만 위의 편지는 없다. 홍양후는 수방울의 편지 중에 수방울과 의견차이를 보이며 다툰 내용이 있는 편지는 『고칭연사』에 수록하지 않은 것으로 보이고, 수방울은 홍양후게 보낸 편지를 모두 수록하는 대신 중복되는 내용이 있는 편지를 생략한 것으로 보인다.

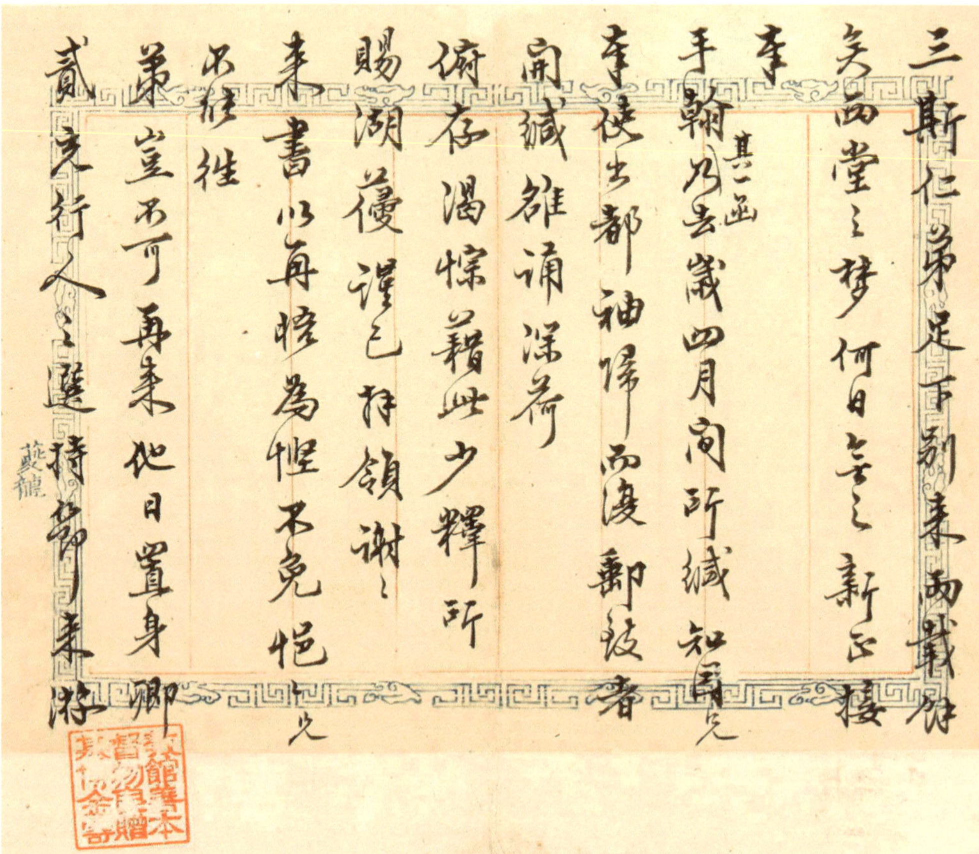

이균 1

이균(李鈞, 1792~1859)이 홍양후에게 보낸 편지로 『고칭연사(古稱燕士)』 96~101면에 실려 있다. 이균의 호는 우범(雨帆)이고 자는 백형(伯衡)이다. 이균은 수방울이 과거시험을 볼 때 감독관이었기 때문에 수방울의 스승이라고 했다. 이균은 홍양후에게 북경에서 편지를 전달해줄 사람으로 수방울을 소개시켜 주었다. 하지만 홍양후와 수방울은 만난 적이 없다.

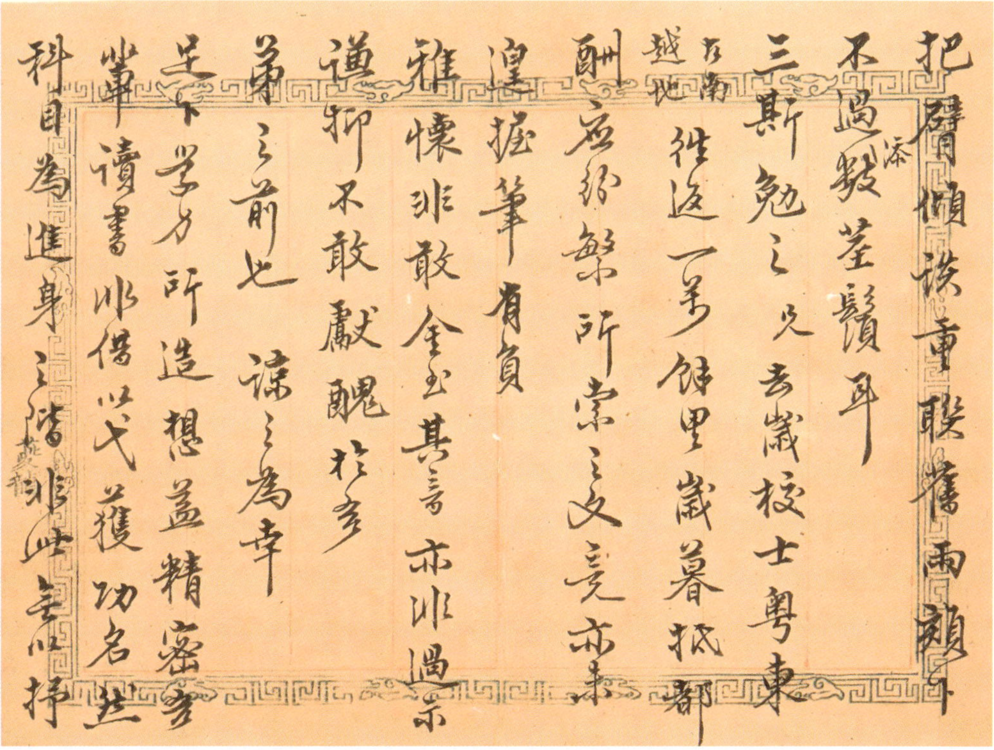

把臂傾談重聯舊雨頗可
不過添數莖鬚耳
三斯勉之久 去歲校士粵東
於南越地 往返一萬餘里歲暮抵都
酬應紛繁所業之文竟未
遑握筆有負
雅懷非敢金玉其言亦非過示
謙抑不敢獻醜於多
弟之前也 諒之為幸
足下學力所造想益精密多
肄業讀書非僅以弋獲功名然
科目為進身之階非此無以揚

이균 2

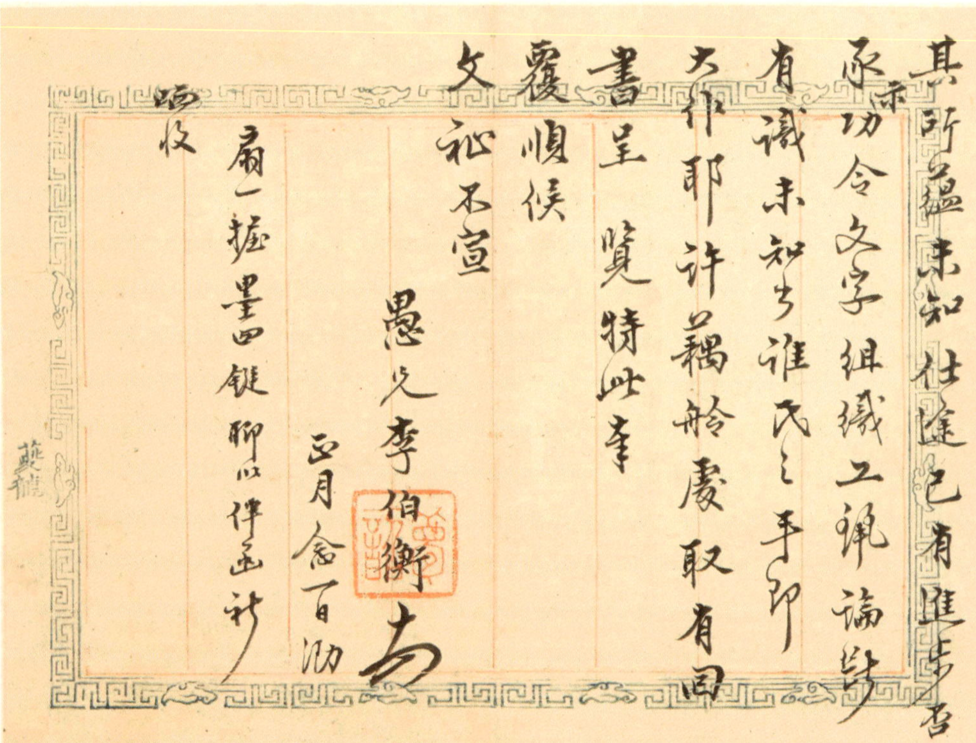
其所蘊未知仕途已有進步否
承示功令文字組織工穩論詩
有識未知出誰氏之手抑
大作耶許藕舲處取有回
書呈覽特此奉
覆順候
文祉不宣
愚兄李伯衡
正月念一日泐
扇一握墨四錠聊以伴函祈
哂收

이균 3

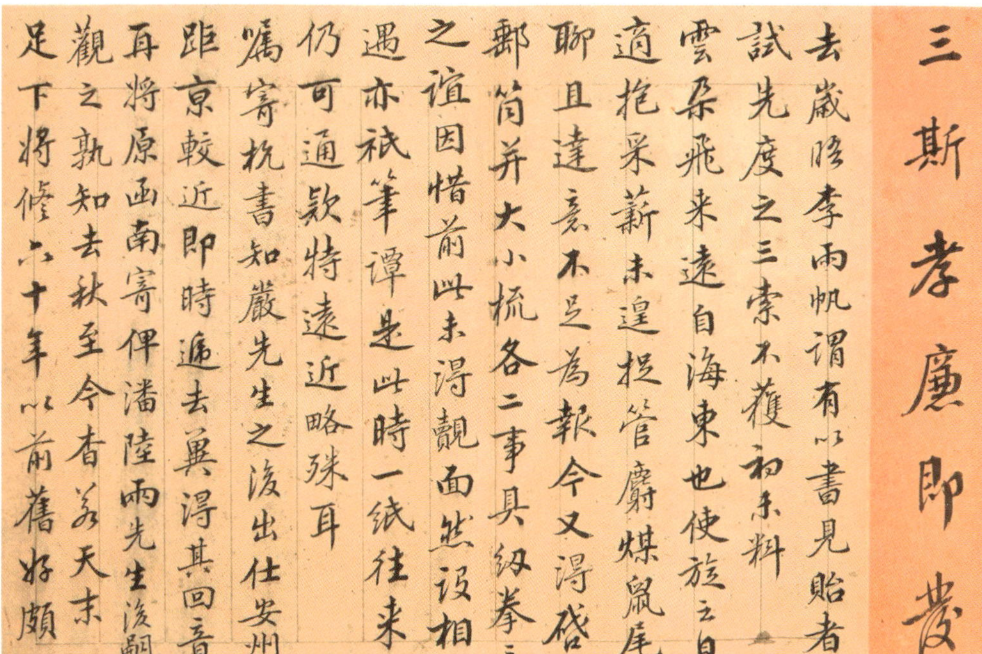

三斯孝廉即啓

去歲晤李雨帆謂有以書見貽者
試先度之三索不獲初未料
雲朵飛來遠自海東也使旋云白
適抱采薪未遑捉管爵煤鼠尾
聊且達意不足爲報今又得啓
郵筒并大小梳各二事具紉拳拳
之誼因惜前此未得覿面然設相
遇亦祇筆譚是此時一紙往来
仍可通款特遠近略殊耳
囑寄杭書知嚴先生之後出仕安州
距京較近即時遞去冀得其回音
再將原函南寄俾潘陸兩先生後嗣
觀之孰知去秋至今杳若天末
足下將僅六十年以前舊好頗

허내갱 2-1(고칭연사)-005-053

허내갱이 홍양후에게 보낸 편지로 『고칭연사(古稱燕士)』 102면과 110면에 실려있다. 허내갱의 자호는 우령(藕舲)이다. 1817년 진사로 급제했고 서길사였으며 글씨로 유명했다. 허내갱은 이균과 가깝게 지냈으며 반추루의 손자 반대명의 소식을 1826년 북경에 간 홍양후게에 알려주었다. 홍양후는 수방울을 통해 허내갱과 반대명에게 편지를 전해달라고 했다.

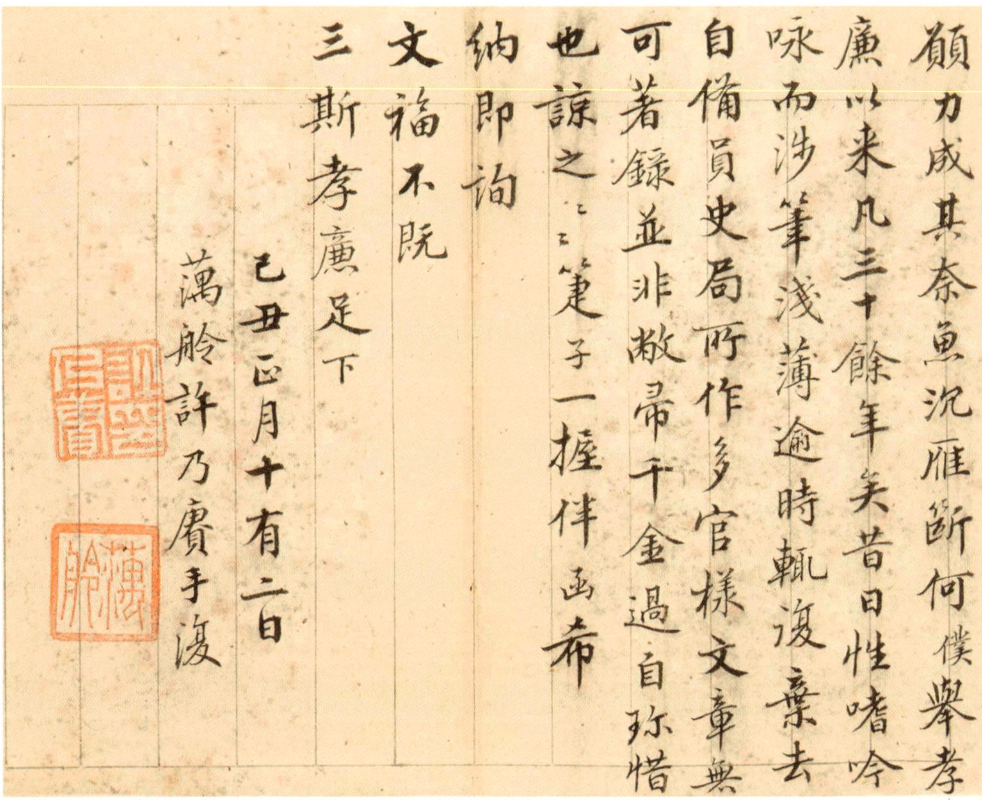

頋力成其奈魚沉雁斷何僕擧孝
廉以来凡三十餘年矣昔日性嗜吟
咏而涉筆淺薄逾時輒復棄去
自備員史局所作多官樣文章無
可著録並非敝帚千金過自珎惜
也諒之〻〻箑子一握伴函希
納即詢
文福不既
三斯孝廉足下
乙丑正月十有二日
蕅舲許乃賡手復

허내갱 2-2(고칭연사)-009-062

## 책머리에

2007~2008년 사이에 북경대학과 오도구(五道口)에 머물면서 한국연구재단의 지원을 받아 「조선문인과 청나라 문인의 신교(神交)에 대하여」라는 연구 과제를 실행한 적이 있었다. 그 후 체류기간을 연장하여 2011년 여름까지 있었는데, 「좌해교유록(左海交游錄)」은 2010년쯤에 관심을 가지고 살펴봤다.

수방울(帥方蔚, 1790~1871)의 문집인 『수씨청분집(帥氏淸芬集)』에 「좌해교유록」이라는 편명이 있다. 여기서 좌해(左海)는 북경에서 남쪽을 바라볼 때 왼쪽에 바다를 끼고 있는 조선이다.

「좌해교유록』에는 1829년부터 시작하여 1835년 사이에 수방울과 조선 문인들 사이에 주고받은 편지가 수록되어있다. 교류는 몇 년 진행되었다가 멈춰버렸지만 이 기간은 홍양후와 김영작 같은 신진 학자들이 교류를 통해 학문을 연마하고 꿈을 키워갔던 시절이기도 하다.

2016년 숭실대학교에 있는 한국기록교박물관에서는 『고칭연사(古稱燕士)』를 출간하였다. 여기에 수방울이 홍양후에게 준 서신이 있다. 수방울의 서신은 그저 책 속에만 있는 이야기로만 알았는데 친필본이 남아 있어 그 필적을 보니 감회가 새롭다. 무려 190여 년이 넘는 세월동안 보존되었다가 출간된 것이다. 『좌해교유록』에서 정기세는 수방울의 얼굴이 온화하여 옥 같다고 묘사하고 있다.

수방울의 글씨와 얼굴에 대한 묘사를 통해 모습을 상상해본다.

홍대용과 홍양후의 서신은 『연항척독(燕杭尺牘)』에도 수록되어 있다. 여기에 반대명에게서 받은 편지가 수록되어 있다. 편지를 받으면서 있었던 전후의 과정 중에 홍양후가 얼마나 애를 태우며 조부 홍대용의 교류를 이어보려고 했는지도 『좌해교유록』을 통해 살필 수 있다. 1860년 신석우가 북경에 가서 다시 반대명을 찾는 장면이 나온다. 「좌해교유록」을 통해 홍양후와 반대명의 서신 교류가 무엇 때문에 끊어졌는지에 대한 중요한 실마리가 될 수 있는 과정도 알 수 있다.

머리말을 쓰다 보니 새삼 북경에 살면서 겨울에 느꼈던 거센 바람과 봄부터 건조하게 타들어 가는 기후, 그때의 일상이 오버랩된다. 더디게 흘러가던 그 시절 그 시간도 일생에 한번밖에 없었던 소중한 시간들이었건만 순식간에 허비하다보니 10년이나 되는 옛날의 추억이 되고 말았다.

원문에 있는, 난해한 글자의 판독과 고문이 백화로 풀어질 때의 묘미 등은 청화대학교 왕명(王銘)박사로부터 도움을 받았다. 그는 절강성에서 고등학교를 제일 우수한 성적으로 졸업한 수재다. 왕명박사를 만나지 못했다면 필자는 중국 인터넷 세계에 눈을 뜨지 못했을 것이다. 새삼 왕명 박사가 생각이 난다. 지면을 통해 왕명

박사와 그를 소개시켜주었던 김정식교수에게도 감사의 인사를 드린다. 이 책을 번역하면서 생각나는 선생님이 있다. 당시 북경에 계셨던 허권수 선생님을 만나 종유(從遊)하면서 자연 궁금한 것을 묻게 되었다. 이때는 이상적의 『해린척소』를 읽었는데 번역을 해보라고 제안을 받기도 했다. 세월이 흐르다 보니 여러 가지 상황이 바뀌어 「좌해교유록」을 번역하게 되었다. 단순한 서신으로만 보여 번역을 망설였으나 나중에 용기를 내어 출판하기에 이르렀다. 권우 선생님께 감사의 인사를 올린다. 「좌해교유록」을 번역하게 된 계기는 인문교류에 대한 연구과제를 시작하면서다. 연구과제의 제목을 정해준 진재교선생님께 감사의 인사를 드린다.

번역이 끝나고 교정은 유민정 박사가 일독해 주었다. 바쁜 중에 시간을 내주어 고맙기만 하다. 본 역서에 친필자료를 첨가할 수 있도록 흔쾌히 허락해주신 한국기독교박물관 선생님들께도 감사의 인사를 드린다. 그리고 출판을 위한 준비가 지루하게 진행되었지만 참고 기다려 주면서 격려를 해준 김병환사장님께도 감사의 인사를 드린다.

2020년 7월.

경기도 돌마 옆에 있는 이매(二梅)에서

# 일러두기

1. 『수씨청분집 · 좌해교유록』에서는 수방울이 조선 사람에게 보내는 답장 편지를 먼저 기록하고, 그 뒤에 조선 사람들이 보낸 편지를 수록하였다. 그러나 번역문에서는 시차순서에 따라 먼저 조선 사람이 보낸 편지를 번역하여 수록하고, 그 뒤에 수방울의 답장을 번역하여 수록하기로 한다.
2. 한국어의 한자어는 한문어휘에 나타난 복잡다단한 의미를 담기에 부족하다. 한문어휘 속에서 암시하는 생각은 발신자와 수신자 사이에 흐르는 심정과 연관지어 이해하지 않으면 미묘한 감정을 읽는데 한계가 있다. 수방울과 조선 문인들이 교류하면서 느꼈던 감흥을 번역문으로 풀이하면서 문어투의 한문 격식을 각주로 풀이하고 그 배경을 설명하여 그들의 신교(神交)와 아회(雅會)의 세계를 이해하고자 했다.
3. 이 내용은 이미 『한객시존(韓客詩存)』에서도 표점을 정리하여 출판한 적이 있다. 이번에 번역을 하면서 교정하여 번역문 뒤에 있는 원문에 반영하였다.
4. 번역 앞에 붙인 「수방울과 서신 왕래한 김영작과 홍양후의 교류와 관심사」는 『한문학보』에 수록된 논문을 수정하고 보완한 내용이다.
5. 고전번역원의 각주정보를 인용한 곳이 있다.
6. 원문에 있는 이체자를 번역문에 옮긴 경우에는 한자위에 점(•)으로 표시한다.

# 목차

## 주고받은 편지 목차

| 번호 | 주고받은 인물 | 발신자 | 목차(목차에 있는 숫자를 인용한다.) |
|---|---|---|---|
| 1 | 김영작과 수방울 | 김영작 | 1. 조선의 소정 김영작이 수방울에게 보내는 편지 1 |
| | | | 3. 조선 김소정이 수방울에게 보내는 편지 2 |
| | | | 5. 조선 김소정이 수방울에게 보내는 편지 3 |
| | | | 16. 조선 김영작이 수방울에게 보내는 편지 4 |
| | | | 24. 김영작이 수방울에게 보내는 편지 5 |
| | | | 26. 김영작이 수방울에게 보내는 편지 6 |
| | | | 27. 김영작이 수방울에게 보내는 시. 편지 7 |
| | | | 39. 김영작이 수방울에게 드리는 편지 8 |
| | | | 40. 김영작이 수방울에게 보내는 편지 9 |
| | | 수방울 | 4. 수방울이 조선 김소정 해원에게 보내는 편지 1 |
| | | | 11. 수방울이 조선 혜원 김소정에게 보내는 편지 2 |
| | | | 12. 수방울이 조선 해원 김소정에게 회포를 기탁하는 편지 3 |
| | | | 20. 수방울이 김영작에게 보내는 편지 4 |
| | | | 25. 수방울이 조선 혜원 김소정에게 보내는 답장 편지 5 |
| | | | 28. 조선 해원 김소정에게 보내는 답장 6 |
| | | | 29. 조선 해원 김소정에게 보내는 『우일석범정기』. 편지 7 |
| | | | 41. 조선 혜원 김소정에게 보내는 답장 8 |
| 2 | 김이문과 수방울 | 김이문 | 2. 김이문이 수방울에게 보내는 편지 1 |
| 3 | 홍양후와 수방울 | 홍양후 | 6. 조선 홍양후가 수방울에게 보내는 편지 1 |
| | | | 17. 조선 홍양후가 수방울에게 보내는 편지 2 |
| | | | 30. 홍양후가 수방울에게 보내는 편지 3 |
| | | 수방울 | 13. 조선 삼사 홍양후 장원에게 보내는 편지 1 |
| | | | 21. 수방울이 삼사 장원 홍양후에게 보내는 편지 2 |
| | | | 31. 조선 삼사 홍양후에게 보내는 답장 3 |

<table>
<tr><td rowspan="2">4</td><td rowspan="2">정기세와<br>수방울</td><td>정기세</td><td>7. 조선 정기세가 수방울에게 보내는 편지 1<br>18. 조선 정기세가 수방울에게 보내는 편지 2</td></tr>
<tr><td>수방울</td><td>15. 경산의 영자인 진사 주계 정기세에게 보낸 편지 1<br>22. 수방울이 조선 주계 진사 정기세에게 보내는 답장 2</td></tr>
<tr><td rowspan="2">5</td><td rowspan="2">정원용과<br>수방울</td><td>정원용</td><td>8. 조선 정원용이 수방울에게 보내는 편지 1<br>9. 경산 정원용이 수방울에게 보내는 편지 2<br>10. 경산 정원용 상서가 보낸 화시(和詩). 편지 3</td></tr>
<tr><td>수방울</td><td>14. 조선 정사 경산상서 정원용의 동환을 전송하는 편지 1<br>38. 조선 경산 정원용에게 보내는 편지 2</td></tr>
<tr><td rowspan="2">6</td><td rowspan="2">홍현주와<br>수방울</td><td>홍현주</td><td>19. 약헌 도위 홍현주가 보내는 시 1</td></tr>
<tr><td>수방울</td><td>23. 조선 약헌 도위 홍현주가 보낸 시(詩)인 『해거시초초』에 즉제로 차운한 편지 1</td></tr>
<tr><td rowspan="2">7</td><td rowspan="2">성재시와<br>수방울</td><td>성재시</td><td>32. 조선 경재 성재시가 수방울에게 보내는 편지 1</td></tr>
<tr><td>수방울</td><td>33. 수방울이 조선 경재 성재시에게 보내는 편지 1</td></tr>
<tr><td rowspan="2">8</td><td rowspan="2">홍경모와<br>수방울</td><td>홍경모</td><td>34. 홍경모가 수방울에게 보내는 편지 1<br>36. 홍경모가 수방울에게 보내는 편지 2<br>42. 홍경모가 수방울에게 드리는 편지 3</td></tr>
<tr><td>수방울</td><td>35. 조선 정사 관암 홍경모 추밀께 드리는 편지 1<br>37. 조선 정사 관암추밀 홍경모의 동환을 전송하다. 편지 2<br>43. 조선 관암추밀 홍경모에게 보내는 편지 3</td></tr>
</table>

# 수방울(帥方蔚)과 서신 왕래한 김영작과 홍양후 등의 교류와 관심사

## - 「좌해교유록」을 통하여[1]

## 1. 교류의 시작과 수방울

18세기 후기에 조선과 청나라 문인의 교류는 유금(柳琴, 1741~1788)을 필두로 박제가와 유득공에 이르러 크게 발전하고, 김정희(金正喜, 1786~1856)를 거쳐 19세기 이상적(李尙迪, 1804~1865)에 와서 정점에 이른다. 19세기에 들어서 서양세력이 통상을 앞세워 청을 침입하고, 위기의식이 고조되자, 조선과 청나라 문인은 동질감을 느끼고 더욱 긴밀해졌다.

19세기 초, 이런 분위기가 조성되기 직전에 청나라 문인 수방울(帥方蔚, 1790~1871)은 조선의 문인과 서신을 주고받았다. 그리고 훗날 자신의 문집인 수씨청분집(帥氏淸芬集)』에 「좌해교유록(左海交游錄)」이라는 편명을 설정하여 수록한다. 『수씨청분집(帥氏淸芬集)』은 북경(北京) 북해도서관(北海圖書館) 고적관(古籍館) 보

1 이 글은 2012년 우리한문학회에서 주관하는 『한문학보』 27집에 실린 필자의 글을 수정하고 보완하여 정리한 글이다.

통고적열람실(普通古籍閱覽室)에도 소장되어 있다.

『한객시존(韓客詩存)』[2]에는 「좌해교유록」이 표점 정리된 형태로 있다. 『한객시존』에 수방울에 대해 소개한 내용이 있는데 풀이하면 다음과 같다.

> 수방울(1790~1871)은 자(字)가 숙기(叔起), 자문(子文)이고, 호(號)가 석촌(石村)이다. 강서성(江西省) 봉신(奉新) 사람이다. 7살 때 공부하기 시작하여 날마다 1000글자를 외웠다. 14살 때 제생(諸生)에 충당이 되었다. 『이십사사(二十四史)』와 제자백가의 글을 베껴 쓴 적이 있다. 상원(上元) 매충유(梅沖游) 선생과 매충고(梅沖故) 두 선생에게서 배웠다. 도광(道光) 6년인 1826년에는 과거 시험에 3등인 탐화(探花)로 합격하였다.
>
> 한림(翰林) 편수(編修)로 제수 받고, 1828년 산동(山東) 향시(鄕試)의 부(副) 시험관(試驗官)으로 충당이 된 적이 있다. 벼슬은 경기도(京畿道) 감찰어사(監察御使)에 이르렀다. 1838년(도광 18)에 고향으로 돌아간다. 이때 그의 나이가 48살이다. 백록경훈서원(白鹿經訓書院)에서 강을 하였다. 함풍(咸豐) 연간에는 단방(團防)과 도함(道銜)이었다. 동치(同治) 9년인 1870년에는 강서성(江西省) 순무(巡撫) 유곤일(劉坤一)이 수방울을 초청하여 『강서통지(江西通志)』를 편찬하게 한다. 편찬에는 『봉신현지(奉新縣志)』 16권, 『지문헌시초(咫聞軒詩草)』 10권, 『지문헌승고(咫聞軒賸稿)』 4권, 『자문헌관과록존(紫雯軒館課錄存)』 5권, 『경의(經義)』 1권, 『사원일기(詞垣日記)』 1권, 『지문헌유고(咫聞軒遺稿)』 1권, 「좌해교유록」 1권이 있다.[3]

---

2 중국 이예(李豫), 한국 최영희(崔瑩禧) 교주(輯校), 『한객시존(韓客詩存)』, 서목문헌출판사(書目文獻出版社), 산서대학교, 1996.

3 『한객시존』, 앞의 책, 359면 번역.

위의 글을 통해 수방울이 14살에 제생(諸生)이 되었고, 『이십사사』와 제자백가를 베껴 쓴 적이 있으며, 매충유(梅冲游)와 매충고(梅冲故) 선생에게서 배웠다는 것을 알 수 있다. 그리고 관리로 지내다가 48살에 고향으로 돌아가 편찬에 종사한 사실도 알 수 있다.

당시 양국 문인간의 교류는 전시대에 비하여 비교적 활발하였음에도 불구하고 청나라 문인은 정작 자신의 문집에 조선 문인과 교류한 기록을 거의 남기지 않았다. 이 때문에 「좌해교유록」에서 남다른 사례가 보이고 있다는 점에서 중요한 의의를 가진다.

## 2. 연구사와 관련자료

수방울이 조선 문인과 교류한 기간은 길지 않다. 수방울에 대한 조선 문인의 기록으로는 1831년 북경에 다녀온 정원용(鄭元容, 1783~1873)이 『연사록(燕槎錄)』에 수방울과 만난 과정과 필담을 나눈 내용이 있고,[4] 홍경모(洪敬謨, 1774~1851)의 『운석외사(耘石外史)』에도 수방울과 서신을 주고받은 내용이 있다.[5] 하지만 수방

4 허경진 · 천금매, 「『연사록(燕槎錄)』을 통해본 정원용(鄭元容)과 청조(淸朝) 문사(文士)들의 문화교류」, 『동북아문화연구』 제19집, 2009. 이 논문에서는 동지상사(冬至使行)의 상사(上使)였던 정원용이 수방울을 포함한 23명의 교류인물의 구체적 날짜와 내용을 상세히 밝히고 있다. 이를 통하여 이 시기 이미 조선 문인이 청나라 문인과 활발하게 만나고 있다는 것을 알 수 있다.

5 홍경모와 수방울 서신 교류은 다음 논문 참조. 유정(劉婧), 「수방울이 편찬한 「좌해교유록」과 19세기 한중문인들의 문화교류」, 『연민학지(淵民學志)』 제15집, 2011.2, 143~144면 참조.

울이 김정희(金正喜, 1786~1856)나 이상적(李尙迪)과 서신을 주고 받은 기록은 보이질 않는다. 이상적이 남긴 『해린척소(海隣尺素)』를 보면 교류인물 중에 수방울이 보이지 않는다.[6] 또한 고전번역원 DB에서도 수방울이 검색되지 않는 것으로 보아 몇 명의 조선 문인과 교류했다는 것을 짐작할 수 있다.

조선 시대 인물교류는 일본의 등총린(藤塚鄰)의 연구[7]가 주목을 끈다. 그는 추사 김정희 선생을 북학파의 중심에 놓고 인물 교류를 고찰하고 있다. 그리고 19세기 교류 관계를 정리한 것으로는 근래 중국에서 발행한 『한객시존(韓客詩存)』[8]이 있다. 이 책은 인물교류에 대한 여러 원시자료(原始資料)를 모아 정리한 것으로, 동문환(董文渙)의 수고본(手稿本)인 『연초산방일기(硯樵山房日記)』, 『연초산방시초(硯樵山房詩草)』, 『막고사산방시집(藐姑射山房詩集)』, 『연초산방문존(硯樵山房文存)』, 『연초산방창화집(硯樵山房唱和集)』이 표점으로 정리가 되어 있다. 이밖에 이상적과 만청(晩淸)과의 문인교류,[9] 풍산(豐山) 홍씨(洪氏) 홍양호(洪良浩)와 그 가계인물들

---

6 『해린척소』는 규장각소장본, 하버드대학교 소장본, 고려대학교 소장본이 있고, 장서각에는 『난언휘소』라는 이름으로 『해린척소』의 내용이 있다.

7 등총린(藤塚鄰)지음, 윤철규 · 이춘구 · 김규선 옮김, 『추사 김정희 연구』, 과천문화원, 2009.

8 중국 이예(李豫) · 한국 최영희(崔永禧), 『한객시존』, 중국서목문헌출판사, 산서대학교.
전지희(錢志熙), 「종(從)『한객시존(韓客詩存)』간근대적한국한시창작(看近代的韓國漢詩創作) 급중한문학교류(及中韓文學交流)」, 『한국학논문집(韓國學論文集)』 제9집, 흑룡강 조선 민족출판사(黑龍江朝鮮民族出版社), 2002.
김명호, 「동문환의 『한객시존』과 한중문학교류」, 『한국한문학연구』 제26집, 한국한문학회, 2000.

의 연구,[10] 북학파 후예(後裔)와 청나라 인물 교류에 대한 연구[11]와 같은 개별 인물들의 교류활동을 추적하는 연구가 진행된 적이 있다.

「좌해교유록」에 대한 서지사항과 교류인물은 연구가 이루어진 적도 있다.[12] 이를 통해 김영작이 이백형(李伯衡)을 통하여 수방울을 만난 과정도 알 수 있고,[13] 1831년 12월 정원용(鄭元容)과 그의 아들 정기세(鄭基世)가 북경에 도착하여 수방울을 만나 교류한 전모도 밝혀졌다.[14] 홍경모는 1830년에 부사로 북경에 왔고,

---

9 이춘희, 「우선(藕船) 이상적(李尙迪)과 만청(晩淸) 문인의 문학교류 연구」, 서울대학교 박사학위논문, 2005.

10 진재교, 「18세기 한중(韓中) 학인(學人)의 학술교류(學術交流)」, 성균관대학교 동아시아학술원 BK 21 유교문화교육연구단 대만 정치대학 발표문, 2006.
신영주, 「18 · 9세기 홍양호 가(家)의 예술향유와 서예비평」, 성균관대학교 대학원 석사학위논문, 2000.
이군선, 「관암(冠巖) 홍경모(洪敬謨)의 중국문인(中國文人)과의 교유(交遊)와 그 의미(意義)」, 『동방한문학』 23집, 2003.

11 김명호, 「19세기 한중문학교류(韓中文學交流)의 양상(樣相)」, 성균관대학교 동아시아학술원 BK 21 유교문화교육연구단 대만 정치대학 발표문, 2006.

12 유정(劉婧), 「수방울이 편찬한 「좌해교유록」과 19세기 한중문인들의 문화교류」, 『연민학지(淵民學志)』 제15집, 2011.2.
천금매, 「김영작과 한중 척도교류의 새 자료 '중한학사서한록(中朝學士書翰錄)'」, 『동양고전연구』 34집, 2009.
유정, 「'조춘헌시초' 전입중국고」, 『동아인문학연구』, 2009.
허경진, 천금매, 「홍대용의 집안에서 편찬한 『연항시독(燕杭詩牘)』」, 『열상고전연구』 27집, 2008.6.

13 천금매, 「김영작과 한중 척도교류의 새 자료 '중조학사서한록(中朝學士書翰錄)'」, 『동양고전연구』 34집, 2009, 177~178면.

14 허경진 · 천금매, 「『연사록(燕槎錄)』을 통해본 정원용(鄭元容)과 조청문사(淸朝文士)들의 문화교류」, 『동북아문화연구』 제19집, 2009, 201~203면.

1834년에 정사로 북경에 왔다. 홍경모가 수방울을 만난 것은 1834년이었다. 홍경모가 수방울과 만날 수 있었던 것은 서장관으로 함께 갔던 김정집(金鼎集, 1808~1859)이 있었기 때문으로 보인다. 김정집은 김영작의 백부 김사목(金思穆, 1740~1829)의 손자이다.

수방울은 자신의 눈에 비쳐진 조선 문인을 안남(安南)이나 유구국(琉球國)의 문인과 비교하면서 조선 문인이 동아시아에서 제일 우수하다고 말했다.

그리고 수방울은 「좌해교유록」을 편찬했던 절차와 의의를 이렇게 밝히고 있다.

> 이번에 1829년[기축] 이래 왕래했던 서신, 주고받은 시문(詩文)을 차서에 의거하니 1편이 되어 「좌해교유록」이라고 이름 붙여서 한때 '의기(義氣)와 견해가 합치되었던' 아의(雅意)를 기억했다고 말하고자 한다. 1835년[도광, 을미] 2월 16일 수방울 석촌씨 쓰다.[15]

수방울이 1838년 고향으로 돌아가고 나서, 조선 문인과의 교류는 끊긴다. 1840년이 되면 아편전쟁이 일어나 전국이 혼란해졌을 것이므로 서신왕래에 어려움도 있었겠지만, 수방울이 떠나기 전에 이미 조선 문인들과 다소 소원한 사이가 된다. 수방울이 조선

15 「좌해교유록」, 3면, 『수씨청분집(帥氏淸芬集)』, 중국 북경 북해도서관(北海圖書館)_고적실(古籍館) 보통고적열람실(普通古籍閱覽室) 소장본. 이하 「좌해교유록」으로 표기한다. "今論次己丑以後, 往來書問, 贈答詩文, 總爲一編, 名曰左海交遊錄, 以志一時投契之疋云, 道光乙未二月旣望奉新帥方蔚石邨氏書."

문인에게 걸었던 기대와 조선 문인들이 수방울에게 기대했던 것이 서로 어긋나기 시작했기 때문이다.

서신 내용은 한 때 서먹한 적도 있었지만 수방울은 조선 문인과 나누었던 교류에 대하여 의미를 부여하고 있다. 조선 문인과 교류하면서 가졌던 의기(義氣)와 아의(雅意)를 기억하겠다고 말하며 「좌해교유록」을 통하여 교류의 전모를 자신의 문집에 남긴 것은 분명 견해가 합치되었던 감회의 결과물이다.

「좌해교유록」과 관련된 자료로 숭실대 한국기독교 박물관소장 『관거외사(寬居外史) 속(續)一, 연관종유록(燕館從遊錄)』과 일본 천리대 소장 『연대경과록(燕臺瓊瓜錄)』,[16] 그리고 국내 도서관 소장본인 『소정시고(卲亭詩稿)』와 『소정문집(卲亭文集)』 등이 있다.

## 3. 홍양후와 김영작

여기서는 수방울이 계속해서 서신 교류를 하였던 홍양후(洪良厚)와 김영작(金永爵) 등의 편지를 중심으로 그 교류과정과 구체적인 내용을 살펴보기로 한다.

1826년 북경을 방문한 홍양후는 조부 홍대용(洪大容)이 교류를 맺었던 청나라 문인 엄성(嚴誠)과 육비(陸飛), 그리고 반정균(潘庭筠)과 같은 사람들의 후손을 찾는데 노력하고 있었다. 이때 허우

16 김명호, 「김영작의 연행과 『연대경과록(燕臺瓊瓜錄)』」, 『한문학보』 제19집, 2008.

령(許灢舲)을 통해서 반정균의 후손 반공수(潘恭壽)의 소식을 알게 되고, 조선에 돌아와 반공수와 지속적으로 연락을 취한다.[17]

이 때문에 김영작도 수방울과 교류할 수 있었다. 김영작과 수방울이 교류하는 동안 북경에 간 족하 김정집을 소개하게 되었고 김정집은 홍경모와 함께 수방울을 방문하게 된다. 홍현주도 여기에 가담하게 된다. 이 모든 교류의 시작은 홍대용이고 이를 발전시킨 것은 조선 문인들이었다. 수방울과 조선 사람들의 교류는 이렇게 서로 소개하고 함께 행동한 결과이다.

하지만 반공수와의 연락은 어려움에 부딪힌다. 홍양후의 진심어린 노력이 중간 연락을 맡은 수방울에게 잘 전달되지 않았기 때문이다. 「좌해교유록」을 통하여 이런 과정의 전말을 구체적으로 살펴볼 수 있다. 그리고 「좌해교유록」을 통해 이백형(李伯衡)과 수방울의 관계도 알 수 있다.

김영작과 홍양후는 조선 시대 문인들에게 현실적인 문제였던 과거제도와 치국이념과 대치되는 청나라의 양명학에 관심을 보인다. 이 시기 청나라의 학문은 이미 양명학을 거쳐 고증학으로 발전하는 단계에 있었다. 당시 청나라와 학문풍토가 다른 조선에서 양명학과의 이념 충돌과 가치관의 혼돈은 풀어야 할 당면한 문제였다. 양명학에 대한 수방울의 설명과 정리는 그 시기 청나라 문인의 식견과 정보를 알 수 있다는 점에서 의의가 있다. 특히 강서성(江西省)에서 태어난 수방울과 양명학이 발생했던 절강

17 허경진 · 천금매, 「홍대용의 집안에서 편찬한 『연항시독(燕杭詩牘)』」, 『열상고전연구』, 27집, 2008.6.

성(浙江省)에서 태어난 왕수인(王守仁)은 살았던 시기는 다르지만 서로 가까운 지역의 출신으로 수방울은 현지 사정에 밝았다.

이들은 북경을 오고가는 조선 사신의 일행을 통해서 서신을 주고받았다. 이런 방식은 간헐적이지만 오랜 기간 동안 진행되었고, 그들이 서로 아끼고 그리워했던 절실한 마음이 서신에 나타난다.

## 4. 교류의 시작과 진행과정

수방울이 조선 사람에게 알려지게 된 것은 『연대책(廷對策)』을 통해서다.

> 1823년(도광 6) 나는 3등으로 과거에 급제하였다. 조정에서는 「대책(對策)」이 여러 명공(名公)들에게 크게 찬상(贊賞)되었고, 조선에 전달되었다. 김영작과 홍양후 같은 무리들이 다투어 납교(納交)를 원하여 편지를 보내서 안부를 묻는 것이 끊어지지 않았다. 사신 온 사람들 까지도 찾아와 만나기를 요구하고, 한 번 보는 것을 영광으로 생각하였다. 북경에 들어온 사람은 성명을 적은 명첩(名帖)을 보내와 스스로 통하려고 하였고, 북경에 거주하게 된 사람은 편지를 보내어 문자를 교류하거나 폐백을 보내왔다.[18]

---

18 「좌해교유록」, 2~3면, "道光六季余以第三人及第, 廷對策, 大爲諸名公激賞, 傳入朝鮮, 而金永爵, 洪良厚之徒, 爭願納交, 詒書問訊, 歲歲不斷, 至于使者, 則造門求謁, 以一見爲榮, 入都下者, 投刺以姓名自通, 居國中者, 寓書以交文字來質, 其間或相見."

대책(對策)은 책제(策題)를 간책(簡冊)위에 써놓고 과거 응시하는 사람에게 작문하여 답을 구하는 것이다. 이와 관련하여 책문(策問)은 군주가 신하에게 정사(政事)나 경의(經義) 같은 것에 구언(求言)한다는 의미를 가진다.

수방울이 북경에서 만나본 사람으로는 노철흠(盧哲欽)과 이형기(李亨基), 정원용(鄭元容), 정원용의 아들 정기세(鄭基世), 홍경모(洪敬謨), 성재시(成載詩) 같은 사람이다. 또한 서로 만나보지 못한 사람은 김영작, 김이문(金彝問), 홍양후, 홍현주(洪顯周), 홍희준(洪羲俊)과 같은 사람이다.[19]

김영작이 수방울과 서신을 주고받은 직접적인 계기는 1826년으로 거슬러 올라간다. 1826년 홍양후가 그의 외숙인 동지부사 신재식(申在植)을 따라 북경에 가는 길에 오를 때, 김영작은 홍양후에게 자신의 시문을 중국 명사(名士)에게 품평을 받아 오도록 부탁했다. 1827년 신재식 일행이 조회하는 하반에서 이백형(李伯衡)을 만나 홍대용과 엄성(嚴誠)의 고사를 안다는 허우령(許瀚齡)을 알게 된다. 이백형은 조선 시문에 관심을 가지게 되었고, 신재식이 가지고 간 김영작의 글을 평가하면서 이들은 교류한다.[20] 이때부터 김영작은 이백형과 30여 년간 편지를 주고받으면서 교분을 가진다.[21] 그리고 이백형을 통해서 수방울을 알게 된다. 본래 이백형과 수방울은 과거 시험장에서 맺어진 관계이다. 1826년

---

19 유정, 앞의 논문, 139~143면 참조.

20 김명호, 『환재 박규수 연구』, 창작과 비평사, 2008, 63~64면 참조.

21 김명호, 『환재 박규수 연구』, 창작과 비평사, 2008, 369면 참조.

(도광 6) 수방울은 전시(殿試)에서 탐화(探花)로 합격한다.

수방울과 이백형의 관계는 김영작이 수방울에게 보낸 서신을 통하여 알 수 있다.

우범 선생이 영재를 후학으로 인도(引導)하시니 雨帆汲引後來英
[석촌(石邨) 수방울은 1826년(丙戌) 회시(會試) 우범(雨帆)이 감독관 이었다.]
담묵방(淡墨榜)의 시제(試題)가 대동강에까지 알려졌다. 淡墨新題到浿城[22]

1826년 시험 때 이백형은 수방울의 시험 감독관이었고, 이때 수방울이 급제하였기 때문에 이백형을 스승이라고 하게 된다.

이상적의 『해린척소(海隣尺素)』에는 김영작이 언급된 적은 있지만,[23] 수방울과 교류한 서신은 보이지 않는다. 홍양후는 자신이 이백형과 허우령(許灕舲)과 알게 된 계기를 수방울에게 보내는 편지에 이렇게 술회하고 있다.

> 홍양후 삼가 석촌, 내한(內翰), 집사께 아뢰니다.
>
> 제가 옛날 북경에 있었을 때 이우범(李雨帆) 선생을 뵐 수가 있었습니다. 또 우범 선생을 통해서 허우령 선생에게 납교하였습니다. 두 분의 선생은 중화의 대군자입니다.[24]

---

22 「좌해교유록」, 63면, "雨帆汲引後來英(石邨丙戌會試出雨帆門下), 淡墨新題到浿城, 虎觀編書推叟例(石邨究心叟學多有箸述), 鯉庭趨禮繼家聲, 故鄉地近滕王閣(石邨江西南昌府人), 內院人傳陸相名(石邨官翰林院編修).

23 『해린척소(海隣尺素)』, 명심○(名心○), 장서각소장본, "復卲亭兄一函."

24 「좌해교유록」, 40~41면, "良厚謹啓石邨內翰執事, 僕昔在都, 得見李雨帆先生, 又因雨帆先生, 納交於許灕舲先生, 兩先生中華大君子也."

홍양후는 북경에 다녀온 후 수방울을 통하여 반정균의 손자인 반공수(潘恭壽)와 서신왕래를 도모했다.[25]

## 5. 갈등의 발생

### 1) 홍양후와의 관계

홍양후가 수방울에게 전달해달라고 하는 편지는 수방울이 허우령에게 전달하는 과정에 문제가 발생한다. 이런 문제는 조선과 청나라의 교류문화와 가치관, 그리고 풍속까지 달라 생긴 일이기도 하다. 먼저 홍양후를 살피고 다시 김영작을 살펴본다. 다음은 홍양후와 관련된 내용이다.

> 이우범 선생에게 보낸 편지는 이미 보냈고, 허우령 선생은 상중에 있어 회적(回籍)하였으므로 보낸 편지는 보낼 사람을 찾기가 어렵습니다. 이에 다시 돌려보내니 살펴 받아 두시길 바랍니다. 바야흐로 봄이 되니 일마다 모두 즐겁습니다. 오직 때에 맞추어 잘 보살피시길 바랍니다. 1월 20일 수방울이 아뢰니다.[26]

---

25 『연항시독(燕杭詩牘)』, 「삼사효렴즉발(三斯孝廉卽發)」, 허우령(許滈舲), 규장각소장본. 특이할 만한 사실은 반공수의 편지가 허우령 편지 말(末)에 '우(又)'라는 형식으로 붙어 있다는 점이다. 이때까지 계속 허우령을 통해서 반공수에게 편지가 오고 간 사실을 입증하는 것으로 보인다. 또 반공수는 홍양후에게 엄성(嚴誠)의 손자가 있는 곳을 알았고, 곧바로 엄성의 손자로 부터 홍양후에게 보내는 답장이 있을 것이라고 알린다.

26 「좌해교유록」, 32면, "寄雨帆先生, 書卽遞去, 滈舲已丁憂回籍, 來札難於覓寄, 今

북경에서 편지가 되돌아오자 홍양후는 수방울에게 자신과 반공수와의 관계가 왜 중요한지 수방울에게 거듭 설명하고, 돌아온 편지를 다시 수방울에게 보냈다.

> 허우령 선생과 반대명 선생께 보내는 편지 2통은 다시 전해 주시길 바랍니다. 반대명은 바로 옛 한림원 편수 반추루 선생의 손자입니다. 일찍 선대부터 우호가 있어 옛 정의를 잇고자 하였지만 연고가 없다가 허우령 선생을 통하여 소식을 알게 되었습니다. 작년에 편지를 한 번 받았지만 감사의 편지를 전달할 방법이 없었습니다. 저를 위해서라도 전달하여 주시길 바랍니다. 혹시 허우령 선생께 함께 보내어 전해주는 것도 좋습니다.[27]

홍양후는 기휘에 가까운 이야기도 서슴없이 꺼내면서 비교적 강력하게 서신을 전달해 달라는 뜻을 피력 한다.

> 들어보니, 북경에서 이름 난 학자들은 다들 외국인과 교류하는 것을 꺼리고, 혁제(赫蹏)가 오고가는 것을 좋게 여기지 않는다고 합니다. 포용을 도외시하는 의도가 없는 것은 아닌지요. 지금 태평한 시대로 사해가 한 집안 같고 우리 조선이 섬기는 정성이 내복(內服)과 조금도 차이가 없으니 응당 조선과 청나라에 꺼리는 것이 없을 것 같습니다. 한 가닥 압록강이 있어 결국 도외시 되어 한번 돌아봐 주시질 않으니 선생께서는 어찌 그렇게 하실 수 있습니까? 외람되

---

乃付還, 望察收, 方春卽事多欣, 惟冀隨時自愛, 正月二十日, 帥方蔚白."

27 「좌해교유록」, 65면, "寄許灜舲, 潘帶銘 二書更望轉致, 帶銘卽故翰林院編修潘秋庫先生之孫也, 曾有世好, 欲續舊誼而無緣, 因藉灜舲以通音問, 季前得一書, 而謝幅無路可達, 乞爲我傳之, 或幷付灜舲傳之亦可."

이 후하게 돌보아 주심을 믿고 감히 번거롭게 편지를 전해 달라고 하니 전번처럼 돌려 보내오지 말길 부탁드립니다.[28]

혁제(赫蹏)는 고대에 편지를 쓰던 좁은 폭의 비단이나 종이를 말한다. 이 편지는 1834년(甲午) 2월 15일에 홍양후가 쓴 것이다. 수방울도 이에 분명하게 자기 의사표현을 하고, 허우령에게 편지를 전달할 심부름꾼이 없다고 밝힌다.

홍양후가 보낸 편지와 아울러 허우령과 반선생에게 보내는 편지도 함께 도착하였습니다. 허우령 선생의 상(喪)은 아직 끝나지 않았으니 인편을 구할 수 있을 때까지 기다렸다가 보내는 것을 용서하여 주시길 바랍니다. 그대가 생각하는 것을 보면 내가 거절하고 있다고 의심하는 것 같습니다. 전에 삼사가 허우령에게 보낸 편지는 내가 전달하였으나 마침 허우령 선생이 상중에 있어 떠났기 때문에 결국 원래 편지를 돌려보내 것이지 내가 일부러 꺼린 것은 아닙니다. 지난 해 삼사(三斯)는 편지를 우범 선생에게 보내고 나서 나에게 홍교(洪喬)를 운운하였고, 이번 편지에도 다시 이를 말하고 있습니다.[29]

---

28 「좌해교유록」, 66면, "聞日下名碩多以外交爲嫌, 赫蹏往來甚有不韙之者, 殊非包容無外之意, 今昇平盛世, 四海一家, 我東服事之誠, 視內服無少損, 似當無中外之嫌, 限以一帶鴨水, 遂爾見外, 莫肯一顧, 先生豈其然乎? 妄恃厚眷, 敢煩傳書, 勿如前番還之也."

29 「좌해교유록」, 46면, "洪三斯來信, 幷所致許, 潘札, 均收到, 蕅舲服尙未闋, 容竢覓便寄去, 觀三斯意似疑僕見距, 三斯前寄蕅舲札, 因僕轉達, 會蕅舲已以憂去, 故遂繳還原緘, 非僕故難之也, 往歲三斯以書抵雨帆先生, 其與僕書, 已有洪喬云云, 今來函復云."

홍교(洪喬)는 편지가 전해지지 않았다는 은홍교(殷洪喬)의 고사다. 남조(南朝) 때 송나라 유의경(劉義慶)의 『세설신어(世說新語)·임탄(任誕)』에 의하면, 은홍교가 예장군(豫章郡)의 태수가 되어 임지로 가는데 도성에 있던 사람들이 백여 통의 편지를 부탁하자, 석두(石頭)에 이르러 물에 던져 버렸다고 한다.

홍양후가 편지가 전달되지 않는 것을 우려하자 수방울은 적극 해명하고 있다. 19세기 초 조선과 중국 사이에 왕래하는 서신은 이전시대에 비하여 비교적 자유롭게 오고 갔지만, 수방울은 편지 전달을 신중하게 처리하고 있다.

> 청조에 와서도 조선과 중국은 일가입니다. 조선은 대대로 동방의 번국(蕃國)이었고 조공도 끊이질 않았습니다. 사신이 북경에 머물면서 중국의 사대부와 접견할 수 있고, 하물며 편지를 주고받는데 무슨 혐의가 있겠습니까? 또한 나는 족하와 함께 몇 번의 편지를 주고받은 터라 생긴 감정도 남다르기에 내가 족하를 거절한 적이 없거늘 어떻게 삼사(三斯)만 거절하겠습니까? 나는 재주가 없지만 성격이 책읽기를 좋아하여 세상일에 소홀하기 때문에 스스로 생각해보아도 잘하는 것이 없습니다.[30]

수방울은 홍양후에게 학문에 대한 이야기를 원했다. 하지만 수방울은 홍양후가 서신 전달하는 것에 너무 집착하고 있다고 생각

---

30 「좌해교유록」, 46~47면, "東國服事之誠, 與內地無異, 不當見外, 此又縣揣險度, 于情事甚未然也, 聖朝中外一家, 朝鮮世守東藩, 朝貢洛繹, 使臣在都下, 得與士大夫接見, 況書問往還, 有何嫌疑, 且僕與足下數四通書, 情好無間, 僕未嘗歫足下, 何獨歫三斯哉, 僕不才性好讀書, 而疏於世故, 自度無大善."

하고, 자기에게 편지를 하는 궁극적인 목적도 여기에 있다고 느끼자, 단호하게 홍양후에게 단교를 말하기 이른다. 이에 수방울은 김영작에게 이렇게 밝힌다.

> 나를 위하여 홍양후에게 말해주시오. 만약 친구로 생각하지 않고 단지 의지해서 편지나 전해주는 사람 정도로 생각한다면 지금부터라도 사양하니, 서로 다시 안부를 들을 필요가 없습니다. 고루한 생각을 펴 보이니 삼가 살펴 헤아려 주시길 바랍니다.[31]

이때부터 홍양후와 반공수는 편지 교류가 단절된 듯하다. 세월이 흘러서 "1860년이 되었다. 동지정사로 간 신석우(申錫愚)는 여전히 엄성과 반정균의 후손을 찾는다. 홍양후와 반공수의 결연도 지속되지 못한 것이 분명하다."[32] 이를 보면 홍양후와 수방울이 서로 대립하는 의견을 보이면서 주고받던 편지가 끊어졌기 때문에 홍양후와 반공수의 서신도 단절된 것을 짐작할 수 있다. 비록 후손들의 서신 교류는 이어지지 못했지만, 조선 문인들이 세교(世交)를 잇고자 노력하는 과정에서 홍대용의 고사(故事)가 19세기도 조선과 청나라 문인들 사이에 회자되면서 우정을 상징하는 이야기가 된다.

---

31 「좌해교유록」, 47면, "爲我謝三斯, 如不以我爲友, 而徒欲藉以爲寄書郵, 則請從此辭, 不必復相聞問矣, 謹略陳固陋, 幸裁察焉."

32 김명호, 앞의 책 63면 참조.

### 2) 김영작과 홍경모에게 말한 책선(責善)

김영작과 수방울 사이에 다소 소원해지는 사건이 발생한다. 1835년 수방울은 김영작에게 다소 엄격한 말로 책선(責善)한 적이 있다. 다음은 그 내용이다.

> 족하는 독실하게 학문을 좋아하여 기추(歧趨)에 의혹되지 않고, 힘써 양명학을 선학이라고 비판하더니, 보내온 편지에 유순(由旬)이라는 글자를 사용하였으니 이것은 불교의 말이 아니라고 할 수 있겠습니까?
>
> 별도의 편지에 족하의 부친의 80세 생일에 부합되게 … (중략) … 족하는 유학자로서 「노군극성도화(老君極星圖畵)」를 구하여 아버지를 축수(祝壽)하고자 한 것은 저를 유속(流俗)사람들로 본다는 것을 면하기 어렵습니다. 족하를 위해서라도 하지 말았으면 합니다.[33]

기추(歧趨)는 기취(歧趣)와 같은 말로 '같지 않은 추향(趨向)'을 말한다. 추향은 숭상하는 것을 말하기도 한다. 이때 수방울이 46세, 김영작이 34세 였다. 해외신교(海外神交)를 세속의 사람들처럼 하지 말자는 수방울의 제안은 신교(神交)의 의미를 보여주는 고고한 태도로까지 보인다. 청나라에서 진사로 급제한 수방울은 과거시험을 준비하는 김영작에게 어느 정도 격식이 갖춰지기를 요구한다. 김영작이 불교 용어인 유순(由旬)이라는 말을 쓰자, 수

---

33 「좌해교유록」, 73~74면, "足下篤信好學, 不惑歧趨, 力詆陽明以爲禪學, 而來書乃用由旬字此, 獨非釋子語乎? 別紙稱尊公壽躋八十, … (중략) … 至求「老君極星圖畵」以壽其親, 殆未免流俗之見存, 竊爲足下不取也."

방울은 이를 지나치지 않고 지적한다. 다음은 김영작의 편지에 유순(由旬)이 언급된 부분이다.

> 경재(絅齋)의 집은 파주(坡州)의 검교촌(劍橋村)인데 왕성으로부터 거리가 유순(由旬)인데 근래 오랫동안 만나지 못하였습니다. 이 때문에 이번에 편지가 없으니 심히 꾸짖지는 마십시오.[34]

'유순(由旬)'[yojana]은 고대 인도에서 길을 계산할 때 쓰는 단위이다. 1유순은 40, 60, 80리(里)라는 여러 가지 설이 있다. 김영작이 수방울에게 부친의 장수를 위하여 「노군극성도화(老君極星圖畵)」를 구해달라고 부탁하자, 수방울은 김영작의 태도에 대하여 강한 거부감을 표시하고, 잘못을 직설적으로 지적한다. 아직 과거 시험공부를 하고 있는 김영작에게 이런 지적은 심리적으로 큰 부담을 주는 말이 될 수 있다. 조선시대 과거시험에 불교용어를 사용하는 것은 기휘에 해당되기 때문이다.

수방울이 김영작에게 이런 지적을 하게 된 동기는 김영작의 편지에서 비롯되었다. 1833년 봄에 수방울이 어사로 승진하자 김영작은 1834년 편지에 축하하면서 "구양수가 범중엄에게 조정에서 간쟁하는 모습을 볼 수 없다는 말한 것"을 상기시키면서 참고하여 살펴주길 바라고 있다. 수방울은 이 말을 완곡하게 잘았겠다고 말하고 있지만 심리적으로 크게 부담을 느꼈다고 볼 수 있다. 김영작이 수방울에게 살아있는 권력인 황제 도광(道光, 1821~1850)

34 「좌해교유록」, 78면, "絅齋家在坡州劍橋村, 距王城數繇旬, 近久未晤, 故玆無信, 勿瞋責也."

에 대하여 간언하는 것까지 말하는 것은 수방울은 받아들일 수 없었다.

이 편지가 수방울과 김영작 사이에 있었던 마지막 편지로 김영작은 더 이상 답장을 보내지 않는다. 유난히 학구적이면서 냉정한 면모를 보여 준 수방울의 지적에 김영작은 부담을 가지게 된 것으로 보인다.

수방울은 여기서 그치지 않고 관암 홍경모에게도 말을 조심해야한다고 말하고 있다.[35] 수방울이 홍양후와 김영작, 그리고 홍경모에게 말한 책선(責善)은 정도의 차이는 있으나 깊숙하게 영향을 준 것으로 보인다.

수방울은 김영작을 비롯한 조선 사람들이 자신과 같은 청나라 문인과 만나는 목적을 이렇게 생각하였다.

> 지금 조선에서 한문에 능한 선비들이 종종 중국의 선비에게 의존하고 붙어서 그 이름과 명망을 빌려 자신의 명예로 삼는다.[36]

당시 조선 문인에게 한문 문장의 연마는 과거합격을 위하여 필요했고, 이를 통해 자신의 가치를 드러내 보이는 중요한 수단이기도 했다. 조선에서 만나기 힘든 대유(大儒)를 북경에서 만난다는 것은 조선 사람들 사이에서 하나의 자랑거리가 될 수 있었고, 조선에서부터 그리워해 오던 소원이기도 했다. 때문에 북경에 온

35 이와 관련된 편지는 목차 「조선 정사 관암 홍경모 추밀에게 드리는 편지 1」에 나타나 있다. 이하 언급하지 않는다.

36 「좌해교유록」, 2면, "今朝鮮多能文之士, 往往依附中朝名士, 籍其聲望, 以自爲名."

사신의 일행들은 앞 다퉈 청나라 학자를 만나 교류하며 흔적을 남기려고 하였고, 이는 일행들 사이에 유행처럼 되어 버렸다.

1838년 수방울이 고향으로 돌아간 후 조선 문인과 더 이상의 서신교류는 어려웠을 것이다. 이 전시대인 1780년, 북경을 다녀온 박지원은 중국에 편지를 보내는 것조차 극히 자제하였다.[37] 수방울이 편지 교류를 하였던 시기는 1780년 박지원이 북경에 갔다 왔을 때보다 58년이나 지난 시점이고, 수방울과 조선 문인들의 개별적이고 특수한 상황을 고려해야 하겠지만 청나라 문인과 조선 문인의 지속적인 교류를 위해서는 여전히 많은 어려움이 있었다는 것을 알 수 있다. 특히 19세기 중엽에 빈번한 교류가 있음에도 불구하고 이런 방식으로 단절된 경우가 있다는 점은 교류사의 하나의 양상이라고 할 수 있다.

## 6. 양명학(陽明學)에 대한 관심

김영작과 홍양후는 수방울과 서신 교류를 하면서 각각 청나라에서 유행하고 있는 양명학과 과거시험 제도에 대하여 물어 본다. 수방울의 고견을 통해 청나라의 상황을 듣고 싶었기 때문이다. 김영작과 홍양후는 분담하여 질문을 했을 것으로 보이고, 이런 과정에 김영작과 홍양후는 정보를 공유했을 것으로 짐작된다.

---

37 박종채 저, 김윤조 역주, 『역주 과정록』, 태학사, 1997, 220면 참조.

1832년 43살 수방울은 31살 김영작(1802~1868)에게 편지를 보내면서 양명학에 대한 김영작의 비판적인 시각을 지적한다. 조선과 청나라의 풍토가 달랐기 때문이다.

김영작은 1838년 음보(蔭補)로 정릉참봉을 하고, 1843년 갑과에 급제했으니 김영작이 수방울에게 보낸 편지에서 양명학에 비판적인 견해를 드러냈을 때는 과거공부에 몰두하고 있었을 때다. 수방울은 구체적으로 이렇게 말했다.

> 또 들어보니, 족하는 아무 의심 없이 오로지 주자와 육상산의 논쟁으로 요강(姚江)을 힘써 비판하고, 이를 가지고 우리 유학을 방어의 보루로 삼으려고 하니, 이것은 또한 잘못된 것입니다. 육상산은 본래 자품이 총명하기 때문에 실로 독특한 견해를 가졌다는 허물을 면하기 어렵습니다.[38]

요강(姚江)은 여요강(余姚江)이다. 왕수인(王守仁)은 절강성(浙江省) 여요(余姚) 사람이다. 요강학파(姚江學派)의 요강(姚江)은 왕수인 고향에 있는 물가를 말한다. 초창기 양명학이 태동할 때 왕수인을 따르는 사람 중에 고향 사람이 많았기 때문에 이렇게 불리어졌다고 한다. 요강학파는 왕수인의 호인 양명(陽明)을 붙여 양명학파(陽明學派)라고도 한다.

양명학의 주지는 "심즉리(心卽理)", "지행합일(知行合一)", "치양지(致良知)" 같은 말로 요약될 수 있다. 특히 "심즉리(心卽理)"는 왕

---

38 「좌해교유록」, 16면, "又聞足下斷斷朱陸之爭, 于姚江詆之尤力, 以是爲吾道干城之衛, 此又過矣, 象山天資敏悟, 誠不免高明之過."

수인이 육상산(陸象山)의 학설을 더욱 발전시킨 것이기도 하다. 수방울은 육상산과 주자의 논쟁을 이렇게 설명하고 있다.

> 육상산은
>
> "간이(簡易)한 공부(工夫)는 결국 크게 되고 오래가지만, 지루한 일은 언제나 부침이 있다."라고 하였습니다.
>
> 대개 주자는 그러하지 못하다고 보았습니다. 하지만 그들은 입덕(入德)하는 것이 조금 다를 뿐입니다. 절조(節操)를 수련하면서 체(體)가 있고 용(用)이 있다는 것은 성현의 무리처럼 뛰어난 것으로 진실로 주자와 서로 대등합니다. 육상산의 어록에 있는 말은 모두 직첩(直捷)하기 때문에 사리(事理)에 합치[切合]하여 만족할 수 있습니다. 어찌 백록동 강의에서만 주자가 심복하였겠습니까?[39]

입덕(入德)은 성인의 품덕(品德)에 들어가기 위한 수양 영역이고, 『예기(禮記) · 중용(中庸)』[40]에 언급된 말이다. 그리고 수방울은 양명학에 선학(禪學)이 섞이게 된 것은 양명학의 본지가 아니라는 것도 밝힌다.

> 요강(姚江)의 학문에 이르러 세상에서 종종 불교의 선학(禪學)이 섞이었다는 비난을 받게 되었으니, 이는 말류(末流) 학자들의 병폐이지 양명학의 본지가 아닙니다.[41]

---

39 「좌해교유록」, 16면, "其所云 : '易簡工夫終久大, 支離事業總浮沈', 蓋嘗以朱子爲不然, 然特其入悳稍異耳, 若乃淸修姱節, 有體有用, 卓然聖賢之徒, 固與朱子相頡頏也, 象山語錄中其言多直捷了, 當切理饜心, 豈獨鹿洞講義爲朱子心折哉?"

40 『예기(禮記) · 중용(中庸)』, "君子之道, 淡而不厭, 簡而文, 溫而理, 知遠之近, 知風之自, 知微之顯, 可與入德矣."

또 수방울은 실명을 거론하며 양명학이 선학(禪學)과 섞이게 된 연원을 밝히고, 이와 관련된 자료의 출전도 제시한다.

> 용계(龍谿), 심재(心齋), 석궤(石簣) 같은 여러 학자들이 지나치게 높은 논리에 힘써 이에 선학 유파의 시작이 되었습니다. 『명사(明史)·유림전(儒林傳)』에 스승의 학설을 이끌어 더하여 놓아 왕수인(王守仁)과 더욱 멀어졌다라고 한 것은 이것을 지칭하는 것입니다.[42]

용계(龍谿)는 왕기(王畿, 1498~1583)이다. 왕기는 중국 명나라 때 사상가로 절강성(浙江省) 산음(山陰) 사람이다. 왕문칠파(王門七派) 중에 절중파(浙中派)의 창시자이다. 심재(心齋)는 왕간(王艮)이다. 석궤(石簣)는 도망령(陶望齡, 1562~1609)이다. 도망령의 자는 주망(周望)이고 호는 석궤(石簣)이다. 1589년(만력 17)에 회시(會試)에서 1등을 하였고, 정시(廷試)에서 3등을 하였다. 왕수인이 '마음에서 터득한 말'이라는 뜻을 가진 자득우심(自得于心)이란 말을 독실하게 심봉하였다. 학문을 하려면 식헐(息歇)을 하여야 한다고 말하고 자신의 거실을 '헐암(歇庵)'이라고 하였다.

수방울은 『명사』에 있는 말을 근거로 양명학이 불교로 경사하게 된 과정을 간단하지만 집약적으로 설명한다.[43] 수방울은 양명

---

41 「좌해교유록」, 16~17면, "至姚江之學, 爲世詬病, 以其往往以禪雜之, 此亦末流學者之弊, 非陽明之本也."

42 「좌해교유록」, 17면, 許恭簡言文成宗旨, 原與聖門不異, 以性無不善, 故知無不良, 良知卽是未發之中, 立論至爲明晳, 斯言當矣, 自龍谿, 心齋, 石簣, 諸子務爲過高之論, 乃始流爲禪學, 明史儒林傳所謂駕師說上之, 去守仁益遠者, 指此.

43 「좌해교유록」, 17면, "『明史·「王眼傳」』, 眼亦狂士, 往往駕師說上之, 指論益高

학을 옹호하는데 그치지 않고, 양명학이 선학에 흘러들어간 것은 모두 후학들의 과실로 설명하고 있다.

> 대개 요강(姚江) 분파는 절강(浙江) 동쪽으로 전해진 것은 폐단이 많고, 강서(江西)로 전달된 것은 실천이 많다. 추문장(鄒文莊), 구양문장(歐陽文莊), 나문공(羅文恭), 오문장(吳文莊) 같은 여러 사람들은 언행이 다른 것과 섞이지 않아 속이는 것이 없습니다. 지금 보내는 『유문법어(儒門法語)』 1편은 족하가 읽어본다면 육상산과 왕양명의 학문의 차이와 주자와 같은 점은 저쪽에 있고, 같은 점은 여기에 있다는 것을 알 수 있다면 변론을 끝낼 수 있을 것입니다. 추요(芻蕘)에서도 작은 것을 얻는 수확이 있을 것이니 족하께서는 유의하여 판단하여 취하시길 바랍니다.[44]

『시경 · 대아(大雅) · 판(板)』[45]에 나오는 추요(芻蕘)는 풀을 베는 사람 같이 신분이 낮은 사람들이 하는 말이라는 뜻이다. 이 말은 자신을 말하기도 한다. 수방울은 양명학의 분파가 절강(浙江)을 중심으로 동쪽과 서쪽으로 나누어졌다고 분석을 하고 있다.

---

遠出入於二氏. 「劉宗周傳」, 越中自王守仁後, 一傳爲王畿, 再傳爲周汝登, 陶望齡, 三傳爲陶奭齡, 皆雜於禪, 奭齡講學白馬山, 爲因果說, 去守仁益遠, 又 「何廷仁傳」, 廷仁立論尙平實, 守仁歿後, 有爲過高之論者, 輒曰此非吾師言也, 蓋凡流入於禪者, 皆後學之過耳."

44 「좌해교유록」, 18면, "大氐姚江一派, 傳浙東者多流弊, 傳江西者多實踐, 若鄒文莊, 歐陽文莊, 羅文恭, 吳文莊諸公, 言行粹然, 不可誣也, 今寄上儒門法語一編, 足下讀之, 知陸王之學, 其異於朱子者在彼, 其同於朱子者在此, 則辯論可息爾, 芻蕘一得, 惟足下留意裁察."

45 『시경(詩經) · 대아(大雅) · 판(板)』, "先民有言, 詢于芻蕘"

> 저는 송나라 여러 학자들 이후로 이 도가 크게 밝아졌으니 단지 몸으로 실천해야 한다고 생각합니다. 명나라 때 강학(講學)에 여러 대가의 고담 성명(性命)도 일을 행하는 것과 말하는 것을 살펴보면 어긋나는 것에 이르고 있습니다. 이런 것들은 단지 문호를 열어 놓고 당원(黨援)하는 습속으로 일신상에 도움이 되지 않습니다. 응당 한나라 두태후(竇太后)가 유학자들이 꾸미기를 잘하고 바탕이 적다고 한 것과 같습니다. 바라건대, 족하께서는 다시 본받지 마시기 바랍니다. 당연히 만석군(萬石君)과 같이 말로 하지 않고 몸소 실천해야 합니다. 또한 말이라는 것은 도를 밝히는 수단이지만 역시 말은 뜻을 어둡게 하고, 복잡하게 하여 사람들에게 미혹하게 하니 해가 많습니다.[46]

당원(黨援)은 결당(結黨)하여 서로 도움을 주는 것을 말한다. 만석군(萬石君, ?~公元前 124)은 하남성(河南省) 사람으로 공근(恭謹)하고 일처리에 민첩했다. 수방울은 유교 경전에 묻혀 과거 공부에 전념하고 있는 김영작[47]에게 양명학의 가치와 특칭을 옹호하면서 설명했다.

---

46 「좌해교유록」, 15면, “私竊以謂自有宋諸子以來, 斯道大明, 直須身體力行耳. 明世講學, 諸家高譚性命, 及攷其行事或與所言剌謬, 此于身世無益, 徒啓門戶黨援之習, 政如漢竇太后, 所謂儒者多文少質, 願足下勿復效之, 當如萬石君, 不言而躬行也, 且言者道所繇明, 亦因以晦詞緐旨, 富易使人惑爲害多矣.”

47 김영작이 진사에 급제한 것은 1843년 40세가 넘어서다. 劉婧, 「수방울이 편찬한 「좌해교유록」과 19세기 한중문인들의 문화교류」, 『淵民學志』 第15輯, 2011.2, 156면 참조.

## 7. 과거제도에 대한 관심

홍양후는 청나라의 과거 제도에 관심을 가지고 있었다. 조선과 중국에서 과거는 당시 문인들이 관료가 되기 위한 계제(階梯)이며 과거에 합격하는 것은 출세의 관문이기도 하다. 청나라에서 과거제도는 만주족과 한족의 차별이 있었다. 옹정(雍正) 때 만주족과 한족을 양분하여 관리를 선발하였지만 만주족은 선발에서 계속 특권을 누린다.

홍양후는 관리 선발 때 치르는 시험 과목에 대하여 관심을 보이고 있다. 수방울은 당시 청나라 과거 제도의 절차에 대하여 간단하게 도표화하면 아래와 같다.[48]

| | 원시(院試) | 향시(鄕試)<br>추위(秋圍) | 회시(會試)<br>춘위(春圍) | 전시(殿試) |
|---|---|---|---|---|
| 장소 | 학정순회안(學政巡廻案)이 시험장에 임함.<br>[부현(府縣)] | 경성(京城)과 각성(各省)의 공원(貢院)<br>[성성(省城)] | 경성공원<br>(京城貢院)<br>(예부) | 황궁(皇宮)<br>(궁전) |
| 시험 주관 | 각성(各省)의 학정(學政) | 중앙정부의 특파관원<br>(特派官員) | 흠차대신<br>(欽差大臣) | 황제 |
| 참가자 | 동생(童生) (유생(儒生)) | 생원(生員)과 감생(監生) | 거인(擧人) | 공사(貢士) |
| 합격자 명칭 | 생원(生員)<br>[수재(秀才)] | 거인(擧人) | 공사(貢士)<br>300명 정도 | 진사(進士) |
| 시험 날짜 | 3년에 2번 | 자(子), 묘(卯), 오(午), 유(酉) 년(年)의 8월 | 향시(鄕試)가 있는 다음 해 3월 행방 | 회시(會試)와 같은 해 4월 금방(金榜) |
| 1 등 | 안수(案首) | 해원(解元) | 회원(會員) | 장원(壯元) |
| 2 등 | 없음 | 2~10명이 아원(亞元)이 된다 | 없음 | 방안(榜眼) |
| 3 등 | 없음 | 없음 | 없음 | 탐화(探花) |

48 바이두(www.baidu.com) 검색 참고.

수방울은 전시(殿試)에서 3등으로 합격하였는데, 이 편지로 이 시기 청나라의 과거제도를 살펴볼 수 있다는 점에서 의미가 있다.(구체적인 내용은 번역문 13번째 편지에 수록한다.)

수방울이 언급한 내용에서 원시(院試)는 청나라 때 학교 제도의 하나다. 원시는 향시가 있기 전에 각 성(省)의 학정(學政)에서 해당되는 부(府)와 주(州)를 순행하면서 보는 시험이다. 향시에 참가하려는 생원은 이 과시를 통과해서 합격한 사람만이 향시를 볼 수 있다. 대비(大比)는 청나라 때 향시를 말한다. 회시는 청나라 때 3년마다 각 성(省)에 있는 거인들을 불러 북경에서 보는 시험이다. 사과(詞科)는 과거이외의 제도로 박학홍사과(博學鴻詞科)를 축약한 말이다. 비교적 제한 자격이 엄격하지 않고 제독(提督) 정도의 추천이 있으면 된다. 북경에 와서 시험을 보고 일반관리가 되는 제도로 과거 시험으로 수용하지 못하는 지식인들을 위한 제도라고 할 수 있다. 조고(朝考)는 당년에 과거에 합격한 진사를 예부에서 한림원(翰林院) 장원학사(掌院學士)로 보내어 황제에게 보고하고, 보화전(保和殿)에서 대신을 모아 놓고 보는 시험이다.

수방울은 홍양후에게 전시에 대해서는 구체적으로 언급하지 않았다. 전시는 황제가 주관하는 시험으로 책문(策問)을 시험 본다. 전시에 참가하는 사람을 공사(貢士)라고 하고, 합격하게 되면 진사가 된다. 전시에서 1갑(甲)과 2갑(甲), 3갑(甲)으로 나누어 뽑는다. 1갑은 진사급제(進士及第), 2갑은 진사출신(進士出身), 3갑은 진사출신(進士出身)이라고 한다. 특히 1갑에서 1등인 장원(壯元)은 한림원수찬(翰林院修撰), 2등인 방안(榜眼)은 한림원편수(翰林院編

修), 3등인 탐화(探花)도 한림원편수(翰林院編修)를 제수한다.

1826년(도광 6)에 3등인 탐화(探花)로 급제한 수방울은 한 때 한림원편수로 재직한 적이 있으며 이때 남긴 『사원일기(詞垣日記)』[49]가 있다.

이 밖에 나머지 진사출신들은 다시 조정에서 보는 시험에 참가하는데 문학과 서법에 특장(特長)이 있는 사람은 서길사(庶吉士)가 되고, 나머지는 각 부(部)의 주사(主事)나 각 성(省)의 지현(知縣)으로 임명된다. 서길사는 3년 후 시험이 우수한 경우 한림원편수나 한림원검토(翰林院檢討)로 제수한다.

홍양후와 서신 교류가 있던 허우령(許灊舲)은 1817년 2갑(甲)으로 진사출신이 되어 문학이나 서법에 특장이 있는 서길사(庶吉士)를 거쳐 한림원편수가 되었고, 글씨도 잘 썼다고 한다.[50] 허우령이 진사출신인 관료라는 것으로 보아, 홍대용 고사가 세월이 한참 흐른 뒤에도 청나라 고급관리 사이에 회자된 적이 있다는 것을 짐작하게 한다.

수방울은 조선 인물이 문(文)과 질(質)이 조화를 이루어 빈빈(彬彬)하고 고아(古雅)하여 재능이 뛰어난 사람이 배출되는 것은 월남(越南)이 도달할 수 없다고 설명하고 있다. 또 옛날 명나라 태조 때 처음 향시와 회시를 거행하여 고려와 안남 사람이 공사(貢士)로 경사(京師)에 있었다고 언급하고 있다.[51] 특히 명나라 홍무

---

49 수방울, 「詞垣日記」, 『續修四庫全書』, 史部, 傳記類.

50 김명호, 『환재 박규수 연구』, 창작과 비평사, 2008, 63면 참조.

51 「좌해교유록」, 2면, "朝鮮人物份疋, 才儁輩出, 又越南所不及, 昔明太祖始擧鄉會

(洪武) 4년 고려사람 김도(金濤)가 3갑에서 5등으로 진사가 되었다고 소개하고, 이는 다른 나라에서는 감히 바라 볼 수 있는 것이 아니라고 밝히고 있다.[52] 과거 시험을 통하여 조선인의 한문학 수준을 높게 인정한 것이다. 최치원처럼 예외적인 사람도 있겠지만 수방울은 조선 사람들의 한문학 수준이 중국 사람을 완전히 능가한다고는 보지 않은 것 같다. 그나마 변방에 있는 다른 민족 중에 중국인과 비견할 수 있다고 보았다.

## 8. 마무리

수방울은 조선문인과 1831년부터 1835년까지 서신을 주고받았다. 그리고 1838년 고향으로 돌아갔다. 수방울과 홍양후 그리고 수방울과 김영작은 서로를 이해할 수 없어 교류가 끝났다. 하지만 수방울이 언급하였듯이, '의기(義氣)와 견해(見解)가 합치되었던 것'을 아의(雅意)로 기억하고자 했다. 비록 교류 동안에 연장자인 수방울은 학구적이었으며 시속에 어울리지 못했기 때문에 오히려 홍양후와 김영작에게 불편을 주었다고 볼 수 있다.

그런데 현재 홍양후가 수방울에 대하여 남긴 기록은 발견할 수 없고 수방울이 보내준 1편의 친필 편지만 전해지고 있다. 김영작

試, 令高麗安南, 得貢士京師."

52 「좌해교유록」, 2면, "漢武四季, 高麗人金濤, 以第三甲弟五名, 成進士, 此洵非佗國所敢望矣."

도 그의 문집에 『소정문고(卲亭文稿)』의 「석범적독발(石帆赤牘跋)」에 수방울에 대해서는 몇 마디만 언급하고 있다.

하지만 수방울은 달랐다. 스스로 왕래했던 편지를 문집에 모두 남겨 그 당시 서로 의기투합했던 아회(雅懷)를 그리워하며, 이를 신교(神交)로 승화시켰다. 분명 수방울이 서신으로 교류할 때 엄격한 태도를 보인 적도 있었지만, 고향에 돌아가서는 한 때 북경에서 있었던 시절을 그리워한 듯하다. 이 과정에서 수방울이 얻은 소득도 있었다. 조선 문인들이 그의 문장을 적절한 어휘로 품평해주었고, 동시에 아름다운 말로 장식해주었기 때문이다.

「좌해교유록」은 청나라 해체시기 문인들이 18세기보다는 훨씬 자유롭지만 여전히 어려움이 따르는 시기에 그나마 가질 수 있었던 교류의 산물이다.

홍양후가 반공수에게 서신 교류를 시도한 것은 북경에 있는 수방울이 있었기 때문이다. 신재식의 5촌 족하인 신석우가 세월이 흘러 1860년 북경에서 청나라 문인을 만난 자리에서 홍대용과 엄성, 육비, 반정균 사이에 있었던 일화를 상기시키면서 감격하는 것을 보면, 비록 홍양후와 신석우가 인척관계에 있었지만 18세기 북학파 출현 시기의 홍대용과 청나라 인사들과의 교류가 19세기 중엽을 넘어가는 시기까지도 조선 문인에게 중요한 영향을 주었고, 동시에 이를 기억하고 있는 청나라 문인들도 있다는 것을 알 수 있다. 바로 수방울의 「좌해교유록」은 북학파에서 북학파 후예들로 이어지는 시기의 교류과정을 잘 보여준다는 점에서 의의가 있다. 비록 북학파 후예들이 초기에는 완숙하지 못한 면도 보여

주는 점도 있지만 그 열성은 하나의 교류문화의 중요한 동인(動因)이었고, 그 결과 1860년 전후에는 일정한 성과를 만들어냈다고 할 수 있다.

김영작과 홍양후가 보인 양명학과 과거제도에 대한 질문은 이들이 당시만 해도 고증학같은 청나라 학술사에는 관심이 미치지 못하다는 것을 반조(返照)하는 것이다. 18세기 활발한 교류의 성과 위에서 19세기를 맞이한 김영작과 홍양후는 아편전쟁이 발생하여 새로운 세계의 변화에 직면할 때에도 조선 유교 사회의 제도와 학술에만 집착하고 있었다. 이는 북학파 등장 이후에도 깊이 있는 학술 교류에 이르기까지 상당한 시간이 소요되었다는 것을 짐작할 수 있다. 그리고 수방울이 설명한 양명학과 과거제도는 그 학술과 제도를 현지에서 충분한 인식을 바탕으로 생생하게 요약하여 전달했다는 점에서 자료적 가치와 의의가 있다고 볼 수 있다.

## 참고문헌

『고칭연사(古稱燕士)』, 숭실대학교 한국기독교박물관 발행, 숭실대학교 한국기독교박물관소장, 2016년 10월 10일.

『조선왕조실록』

『명사(明史)』

『연항시독(燕杭詩牘)』, 「삼사효렴즉발(三斯孝廉卽發)」, 허우령(許蕅舲), 규장각 소장본.

『수씨청분집(帥氏淸芬集)』, 북경(北京) 북해도서관(北海圖書館) 고적관(古籍館) 보통고적열람실(普通古籍閱覽室).

등촌린(藤塚鄰)지음, 윤철규 · 이춘구 · 김규선 옮김, 『추사(秋史) 김정희(金正喜) 연구』, 과천문화원, 2009.

중국 이예(李豫), 한국 최영희(崔瑩禧) 집교(輯校), 『한객시존(韓客詩存)』, 서목문헌출판사(書目文獻出版社), 1996.

김명호, 『환재 박규수 연구』, 창작과 비평사, 2008, 63~64면.

박종채저, 김윤조 역주, 『역주 과정록』, 태학사, 1997, 220면.

### | 논문 |

허경진 · 천금매, 「『연사록(燕槎錄)』을 통해본 정원용(鄭元容)과 청조(淸朝) 문사(文士)들의 문화교류」, 『동북아문화연구』 제19집, 2009.

전지희(錢志熙), 「종(從)『한객시존(韓客詩存)』 간근대적한국한시창작(看近代的韓國漢詩創作) 급중한문학교류(及中韓文學交流)」, 『한국학논문집(韓國學論文集)』 제9집, 흑룡강조선민족출판사(黑龍江朝鮮民族出版社), 2002.

김명호, 「동문환의 『한객시존』과 한중문학교류」, 『한국한문학연구』 제26집, 한국한문학회, 2000.

김명호, 『환재 박규수 연구』, 창작과 비평사, 2008, 63~64면.

김명호, 「김영작의 연행과 『연대경과록(燕臺瓊瓜錄)』」, 『한문학보』 제19집, 2008.

김명호, 「동문환의 『한객시존』과 한중문학교류」, 『한국한문학연구』 제26집, 한국한문학회, 2000.

천금매, 「김영작과 한중 척도교류의 새 자료 『중조학사서한록(中朝學士書翰錄)』」, 『동양고전연구』 34집, 2009, 177~178면.

허경진 · 천금매, 「홍대용의 집안에서 편찬한 『연항시독(燕杭詩牘)』」, 『열상고전연구』 27집, 2008.6.

허경진 · 천금매, 「『연사록(燕槎錄)』을 통해본 정원용(鄭元容)과 청조(淸朝) 문사(文士)들의 문화교류」, 『동북아문화연구』 제19집, 2009.

유정(劉婧), 「수방울(帥方蔚)이 편찬한 『좌해교유록(左海交游錄)』과 19세기 한중 문인들의 문화교류」, 『연민학지(淵民學志)』 제15집, 2011.2, 143~144면.

유정, 「'조춘헌시초' 전입중국고」, 『동아인문학연구』, 2009.

진재교, 「18세기 한(韓) · 중(中) 학인(學人)의 학술교류(學術交流)」, 성균관대학교 동아시아학술원 BK21 유교문화교육연구단 대만 정치대학 발표문, 2006.

신영주, 「18 · 9세기 홍양호 가(家)의 예술향유와 서예비평」, 성균관대학교 대학원 석사학위논문, 2000.

이군선, 「관암(冠巖) 홍경모(洪敬謨)의 중국문인(中國文人)과의 규유(交遊)와 그 의의」, 『동방한문학』 23집, 2003.

이춘희, 「우선(藕船) 이상적(李尙迪)과 만청(晩淸) 문인(文人)의 문학교류(文學交流) 연구(硏究)」, 서울대학교 박사학위논문, 2005.

|참고|

1. 1840년 김정집(金鼎集)이 지인(知人)에게 보낸 서찰, 전남대학교 박물관 호남기록문화.(검색 : 역사정보통신)
2. 『고칭연사(古稱燕士)』, 숭실대학교 기독교박물관 소장.
3. 수방울(帥方蔚), 『사환일기(詞桓日記)』, 속수사고전서 558冊
4. 이균(李鈞), 『전조일기(轉漕日記)』, 속수사고전서 558冊

# 번역_좌해교유록

# 左海交遊錄

## 奉新帥方蔚子文箸

朝鮮古中國地, 周末其君準, 始稱王, 漢武帝元封中, 取其地置眞番, 臨屯, 樂浪, 元菟四郡, 魏晉之世, 經公孫慕容之亂, 遂成外國, 已而幷入高麗, 歷南北朝以逮元明, 服事中國, 奉正朔修朝貢唯謹, 明世李氏有國, 請改國號, 于是復稱朝鮮, 我大淸開國之初首定朝鮮, 太宗崇德二季, 其王倧歸降, 子孫世守臣節, 號稱恭順, 前史所云, '東夷天性柔順', 信不虛也, 諸外夷惟朝鮮, 越南頗通經史, 嫻文藝, 而朝鮮人物份疋, 才儁輩出, 又越南所不及, 昔明太祖始擧鄕會試, 令高麗安南, 得貢士京師, 而漢武四季, 高麗人金濤, 以第三甲弟五名, 成進士, 此洵非佗國所敢望矣, 今朝鮮多能文之士, 往往依附中朝名士, 籍其聲望, 以自爲名,

道光六季余以第三人及第, 廷對策, 大爲諸名公激賞, 傳入朝鮮, 而金永爵, 洪良厚之徒, 爭願納交, 詒書問訊, 歲歲不斷, 至于使者, 則造門求謁, 以一見爲榮, 入都下者, 投刺以姓名自通, 居國中者, 寓書以交文字來質, 其閒或相見, 盧哲欽, 李亨基, 鄭元容, 元容子基世, 洪敬謨, 成載詩等 或未嘗相見, 金永爵, 金彝問, 洪良厚, 洪顯周, 洪羲俊等 皆自託交好, 恐不得當, 雖其好名之心, 而鄕慕之誠, 亦足尙也, 今論次已丑以後, 往來書問, 贈答詩文, 總爲一編, 名曰:『左海交遊錄』, 以志一時投契之疋云, 道光乙未移越旣望奉新帥方蔚石邨氏書

男

汝縠之憲

孫

大佺大僑

大倜大伊

校栞

同治十年夏四月栞

## 『좌해교유록(左海交遊錄)』
## 봉신(奉新)[53] 수방울자 문저(帥方蔚子文箸)

조선은 옛날 중국 땅이었다. 주나라 말기 때 그들의 왕인 준(準)을 비로소 왕이라고 호칭하였다. 한나라 무제(武帝) 원봉(元封)[54] 때 이 땅을 빼앗아 진번(眞番), 임둔(臨屯), 낙랑(樂浪), 원도(元菟)[55] 4개의 군을 두었다. 위진(魏晉) 시대에 공손모용(公孫慕容)[56]의 난을 겪고 나서 드디어 외국이 되었다가 고려로 병합되었다. 남북조 시대를 지나 원나라와 명나라 시대에 와서 중국에게 복사(服事)[57]하여 정삭(正朔)을 받들고 조공을 근신(勤愼)하게 수행하였다. 명나라 때 이씨가 국권을 가지자 국호 바꾸기를 청하여 이에 다시 조선으로 하였다.

우리 대청(大淸)은 개국 초기에 먼저 조선을 평정하였다. 1637년(태종 2)에 조선의 국왕 종(倧)이 투항하고, 그의 자손들이 대대로 신하의 절개를 지켜 공순하다고 알려졌다. 전사(前史)에서, "동

---

53 봉신(奉新) : 봉신은 봉신현(奉新縣)으로 강서성(江西省) 의춘시(宜春市) 직할현(直轄縣)이다.

54 원봉(元封) : 원봉은 한문제의 연호이다.

55 원도(元菟) : 강희(康熙) 황제는 청나라 성조(聖祖)로 이름은 현엽(玄燁)이다. 한 사군의 하나인 현도(玄菟)의 현(玄) 자와 강희의 이름이 같이 때문에 원자로 글자를 바꾸었다.

56 모용 : 고신(高辛) 씨(氏)에서 유래한다. 모용(慕容)은 선비족의 중요 부락 중에 하나이다. 부락의 명칭을 씨(氏)로 표기하였다.

57 복사(服事) : 오복(五服) 안에서 제후가 정기적으로 천자에게 조공하는 것.

이(東夷)의 타고난 성품이 온순하다"라고 한 말은 정말 거짓이 아니다. 여러 변방에 있는 오랑캐 중에 오직 조선과 월남(越南)만이 자못 경사(經史)에 통달하고, 문예(文藝)에 익숙하다. 조선 인물이 빈빈(彬彬)하고 고아(古雅)하여 재능이 뛰어난 사람이 배출되는 것은 월남이 도달할 수 없는 것이다.

옛날 명나라 태조 때 처음으로 향시(鄕試)와 회시(會試)를 거행하여 고려와 안남 사람에게 경사(京師)에서 공사(貢士)가 될 수 있게 하였다. 한나라 무제 4년 고려사람 김도(金濤)[58]는 제 3갑(甲)의 5번째로 진사출신(進士出身)이 되었다. 이는 다른 나라에서는 감히 바라 볼 수 있는 것이 아니다. 지금도 조선에는 글 짓는 솜씨가 뛰어난 선비들이 종종 중국의 선비에게 의존하여 붙고, 그 이름과 명망을 빌려서 자신의 명예로 삼는다.

1823년(道光 6), 나는 3등으로 과거에 급제하였다. 조정에서 대책(對策)이 여러 명공(名公)들에게 크게 찬상(贊賞)되었고, 조선으로 전해져 들어가 김영작(金永爵)과 홍양후(洪良厚) 무리들이 다투어 납교(納交)를 원하여 편지를 보내어 안부를 묻기를 해마다 끊어지지 않았다. 사신 온 자들 까지도 찾아와 만나기를 요구하고, 한 번 보는 것을 영광으로 생각하였다. 북경에 들어온 사람들은 성명을 적은 명첩(名帖)을 보내와 스스로 통하려고 하였고, 북경

58 김도(金濤) : 김도(?~1379)는 고려 공민왕(恭愍王)~우왕(禑王) 때의 문신으로 본관은 연안(延安)이다. 양백연(楊伯淵)의 옥사에 연루되어 효수를 당하였다. 명나라 엄종간(嚴從簡)의 『수역주자록(殊域周咨錄彔)·「조선(朝鮮」』에도 "是科, 高麗貢士入仕者三人, 惟金濤登第, 授東昌府安丘縣丞."라고 기록되어 있다. (고전번역원 고전용어 시소러스 참조)

에 거주하게 된 사람은 편지를 보내어 문자를 교류하거나 폐백을 보내왔다.

이 중 서로 만난 본 사람은 노철흠(盧哲欽), 이형기(李亨基), 정원용(鄭元容), 정원용(鄭元容)의 아들 정기세(鄭基世), 홍경모(洪敬謨), 성재시(成載詩) 같은 사람이다. 또한 서로 만나보지 못한 사람은 김영작(金永爵), 김이문(金彝問), 홍양후(洪良厚), 홍현주(洪顯周), 홍희준(洪羲俊) 같은 사람이다.

모두들 직접 친밀한 교류를 청탁했지만 잘되지 못할 까 걱정하였다. 비록 이것은 명예를 좋아하는 마음이었지만 향모(鄕慕)하는 정성은 족히 높일 만하다. 이번에 1829(己丑)년 이래로 왕래했던 서신, 주고받은 시문(詩文)의 차서에 의거(依據)하니 1편(編)이 되어 『좌해교유록(左海交遊錄)』이라고 이름 붙여서 한 때 '의기(義氣)와 견해(見解)가 합치되었던'[投契] 아의(雅意)를 기억했다고 말하고자 한다.

1835년(乙未) 이월(移越) 16일 수방울(帥方蔚) 석촌(石邨) 씨(氏) 쓰다.

아들 : 여각(汝慤), 지헌(之憲)

손자 : 대전(大佺), 대교(大僑), 대동(大侗), 대이(大伊)

교간(校刊)

1871년(동치 10) 여름 4월 출간

1

# 조선의 소정(邵亭) 김영작(金永爵)이 수방울(帥方蔚)에게 보내는 편지 1

1829년 10월 27일(도광 9년)

김영작(金永爵)[59]은 머리 숙여 인사하며 아룁니다. 1826년[병술] 겨울에 우인(友人) 삼사(三斯) 홍양후(洪良厚)가 북경에 갔었을 때 영작이 지은 시도 보냈더니 하간(河間) 이우범(李雨帆)[60] 선생이 보시고 성대히 칭찬하고 저를 총애하여 화답하는 글을 주며 학문에 힘쓰도록 하셨습니다. 영작은 어리석지만 덕망이 있는 군자께서 알아주신 것에 감격하여 '춤을 추지 않은 학이 양공(羊公)을 저버린 것'[61]처럼 될까 봐 정말로 두렵습니다. 홍양후는 "도하(都下)

---

59 김영작(金榮爵) : 김영작(1802~1868)의 본관은 경주(慶州)이다. 호는 소정(邵亭)이고, 자는 덕수(德叟)이다. 1843년(헌종14) 문과에 급제하였으며, 이조 · 호조 · 예조 · 병조의 참판, 한성부 우윤(漢城府右尹) · 대사헌 · 개성부 유수(開城府留守) 등을 역임하였다. 1858년(철종9) 동지사의 부사로 연행하여 북경에서 많은 인사들과 교분을 맺었다.(고전번역원 각주정보 참고)

60 이우범(李雨帆) : 이우범은 이균(李鈞, 1792~1859)을 말한다. 우범은 그의 호이고, 백형(伯衡)은 그의 자이다.

61 '춤을 ~ 것' : 남조(南朝)의 송나라 유의경(劉義慶)의 『세설신어(世說新語) · 배조(排調)』에 나오는 말이다. 옛날 양숙자(羊叔子)에게 춤을 잘 추는 학이 있었다. 손님을 불러 놓고 춤을 추게 하자 학은 날개를 늘어뜨리고 피곤한 모습을

에서 족하의 연대책(延對策)이 '아름답고[醖茂]' '심원[淵懿]'하여 위로는 가의(賈誼)와 동중서(董仲舒)를 능가하니 근래엔 보기 힘든 분이라고 성대하게 전해진다."라고 북경에서 듣고, 서사(書肆)에서 책 한 권을 구하여 보고나서 족하가 바로 이우범 선생의 제자라는 것을 알았습니다. 또한 이우범 선생으로부터 몇 권의 책과 회시의 주권을 얻어 상자에 보배처럼 두었다가 고국으로 돌아와 김영작, 저에게 보여주었습니다. 저, 영작이 받아서 읽어보니, 회시(會試)의 시권(試卷)은 아름다우면서 구구절절 깊이가 있고, 전시(殿試)의 시권은 화려하면서 온아(溫雅)한 것이 웅장합니다. 경사(經史)에 깊이 자뢰(藉賴)하여 꾸밈과 바탕을 성대하게 겸비하니 진실로 고인의 재주를 능가하는 것입니다. 저는 이 한 편을 보고 침식을 잃은 것이 몇 차례나 됩니다. 또 족하께서는 10세 때 명예를 얻었고[62] 여러 번 시험에 관군(冠軍)을 하였습니다. 가학의 신전(薪傳)[63]을 이었으며 명공(名公)이 조감(藻鑑)[64]을 거듭하였습니다. 이를 그리워하여 우러러 보기를 잠시라도 잊은 적이 없습니다.

영작은 바닷가의 추생(鯫生)으로 족하와는 한 마디의 아의(雅

---

하고 춤을 추지 않았다.

62 14세 때 제생(諸生)에 충당되었다.

63 신전(薪傳) : 『장자 · 양생편』에 나오는 말이다. 스승과 아버지의 업(業)이 대대로 전해내려 가는 것을 말한다.(『庄子 · 養生主』: "指窮于爲薪, 火傳也, 不知其盡也.")

64 조감(藻鑑) : 조감(藻鑑)이라고도 한다. 인재(人才)의 직무에 대하여 품평하거나 감별하는 임무를 가진다.

意)도 없었지만 글을 통한 인연으로 인하여 스스로 우호(友好)의 끝자리라도 처하기를 바랍니다. 오직 족하는 저를 비루하다고 버리지 마시고 이제 앞으로는 서신을 통하여 도를 강론하고 문장을 논하여 마음속에 있는 곡절을 펴서 만리(萬里)의 신교(神交)를 가까운 사람들을 모시듯이 하는 것이 용렬한 저의 바람입니다. 삼가 바라건대 굽어 살펴 주시오소서. 그림 부채 1개와 담비의 꼬리털로 만든 붓 10자루, 그리고 석남비(石南碑) 1개를 함께 보냅니다.

1829년(己丑) 4월 15일
소정 김영작 재배

부고 : 조선 전 충주목사 김사직(金思稙)[65] 부인 숙인(淑人)은 용인(龍仁) 이씨(李氏)인데, 숙환으로 불행하게도 8월 7일 술시에 세상을 등졌습니다. 이 사실을 부고합니다.

1829년(道光 9) 10월 27일

---

65 김사직(金思稙) : 충추목사였다. 김영작이 아들이고, 영의정 김홍집(金弘集)이 손자이다. 김영작이 첫 번째 편지를 보낸 편지가 되돌아 왔다. 그 후 두 번째 편지를 보내면서 원함을 함께 보낸다. 이런 과정에 있었지만 부고를 알리는 편지를 첫 번째에 수록한 것으로 보인다.

2

# 김이문(金彝問)이 수방울에게 보내는 편지 1

1830년 10월 22일 (도광10년)

수방울 한림원 편수 좌전(座前)[66]께.

1829년(己丑) 4월에 해원(解元)[67] 김영작이 편지를 써서 사은 부사 여동직(呂東植)[68]의 '북경 행차 편'[69]에 부쳤지만, 여동직이 북경에 도착하기 전에 유관(楡關)에서 작고하여 편지는 결국 북경에 도달하지 못하였습니다. 8월 김영작이 어머니 상사를 만났고, 이어 11월에는 '백부 좌의정 공'[70]의 상사를 당하였습니다. 삼가 부

---

66 좌전(座前) : 좌하(座下)라고도 한다. 받는 사람을 높여 그의 이름이나 호칭 아래에 쓴다.

67 해원(解元) : 과거 시험에서 향시(鄕試) 때 장원급제한 사람을 말한다. 향시는 해시(解試)라 하였다.(조전번역원 각주정보참고)

68 여동직(呂東稙) : 여동직(1774~1829)의 본관은 함양이다. 1795년 문과에 급제하였다. 1829년 사은 부사로 갔다가 운명하였다.

69 '북경 행차 편' : 1829년 4월 16일 진하 정사(進賀正使) 서능보(徐能輔), 부사(副使) 여동식(呂東植), 서장관(書狀官) 유장환(兪章煥)이 사폐(辭陛)하고 북경에 간다.(『조선왕조실록』 참고)

70 '백부 ~ 공' : 김영작의 백부 김사목(金思穆, 1740~1829)을 말한다. 황해도 관찰사와 예조판서, 우의정 등을 역임했다. 김정집(金鼎集, 1808~1859)은 그의 손자이다.

고와 원래 편지를 경원(經畹) 조수삼(趙秀三)[71]이 북경으로 가는 편에 보냈는데, 마침 선생께서 황제의 명령을 받고 북경을 떠나 가서 또 다시 전하지 못하고 돌아왔습니다. 금년 10월에는 김영작이 선산에서 상사(喪事)의 일이 있기 때문에 [장단부(長湍府)[72]에 있다.] 돌아 올 날이 아직 멀기만 합니다.

노철흠(盧哲欽)이 진공 정사 서준보(徐俊輔)[73]를 따라 '북경으로 가기에'[74] 이 때문에 편지를 옛 편지 위에 의탁합니다. 노철흠은 단정하고 사리가 밝으며 글을 조금 깨우쳤으니 응당 직접 찾아가 배알하거든 삼가 관대함을 보여주시길 바랍니다. 간절하게 앙망(仰望)합니다.

1830년 10월 20일

김이문 거듭 아룁니다.

---

71 조수삼(趙秀三) : 조수삼(1762~1849)의 호는 추재(秋齋)다. 여항시인으로 김정희와 가까웠고 중국에 6번이나 다녀왔다. 홍경래의 난을 사실적으로 묘사한 「서구도올(西寇檮杌)이 작품으로 있다.(『한국민족문화대백과』참조)

72 장단부(長湍府) : 장단부는 관청이자 행정구역이다. 1469년(예종 1)에 개성부에 소속되었던 강화(江華), 풍덕(豐德), 삭녕(朔寧), 마전(麻田), 연천(漣川), 교동(喬桐)을 장단에 이속시켜 장단부는 1도호부 3군 2현을 관할하는 지방행정기구가 되었다.(『위키 실록사전』 참조, goggle.com 검색어, 장단부)

73 서준보(徐俊輔) : 서준보(1770~1856)는 1790년 진사시에 장원으로 급제하였다. 1823년 진하부사, 1831년 동지정사로 북경에 다녀왔다.(『한국민족문화대백과』 참조)

74 '북경으로 가기에' : 1830년 10월 30일에 사은 정사(謝恩正使) 서준보(徐俊輔), 부사(副使) 홍경모(洪敬謨), 서장관(書狀官) 이남익(李南翼)을 소견(召見)하였는데, 사폐(辭陛)하였기 때문이었다. 홍경모는 이때 북경에 갔지만 수방울과 교류가 없었고, 1834년 정사로 북경에 갔을 때 수방울을 만난다.(『조선왕조실록』 참조)

3

# 조선 김소정이 수방울에게 보내는 편지 2

1830년 11월 20일(도광10년)

영작(榮爵)은 삼가 머리를 숙이고 거듭 절하면서 말합니다. 저는 죄악이 하늘에 이르렀지만 스스로 죽어 없어지지 못하여 화(禍)가 어머니에게 미쳤습니다. 영구(靈柩)를 붙잡고 울면서 가슴을 치고 발을 동동 구르니 오장이 타 없어지는 것 같았습니다. 세월이 '빨리 지나가 버려'[75] '대상(大商)과 담(禫)제사'[76]가 지나갔으나, 상례 제도에 구속이 되고 부친[尊] 때문에 감정을 억제할 수밖에 없습니다. 빈소의 상과 자리는 이미 철거되었고 상복과 두건도 벌써 바뀌었습니다. 땅과 하늘을 굽어보고 바라보아도 슬픈 마음은 다다를 곳이 없습니다.

작년 4월에는 편지를 써서 사은(謝恩) 부사(副使) 여동직(呂東直)의 행차 편에 부쳐 보냈습니다. 여동직이 북경에 도착하기도 전

---

75 '빨리 ~ 버려': 신사(迅駛)를 풀이한 말이다.

76 '대상(大商)과 담(禫)제사': 1년 상인 경우 11개월이 되면 소상(小祥)을 치르고, 13개월이 되면 대상(大祥)을 치른다. 그리고 15개월이 되면 담제사를 지내고 상복을 벗는다.

에 유관(楡關)에서 죽자 서신은 마침내 전달할 수가 없었습니다. 10월에 장차 보내려는 편지와 함께 원래 편지를 경원(經畹) 조수삼(趙秀三, 1762~1849)이라는 동국(東國) 시인(詩人)의 행차에 경유해서 부탁하였습니다. 그때 선생께서 초거(軺車)[77]를 타고 남하(南下)하시어 또 다시 전달할 수 없게 되었습니다. 금년 10월에는 제가 '예봉(禮峯) 선조의 산소'[장단부(長湍府)에 있다.]에 일이 있었는데, 돌아와 문중 사람인 김이문(金彝問)이 하는 말을 들으니, 서폭(書幅)이 저번처럼 봉해진 채로 노철흠(盧哲欽)의 행차에 전해졌다고 합니다. 이번에는 그 편지가 납부되었는지 아닌지 모르겠습니다. 근래에 존체(尊體)를 귀중하게 여기고 아끼시는지 여쭈어 봅니다. 선생은 가학의 연원(淵源)이 있어 일찍부터 명예를 드날렸다고 들었습니다. 한림원[78]에서 시초(視草)[79]를 작성하는 여가에 지은 글이 분명히 풍부할 것이라고 생각하오니 아끼지 마시고 보내주시어 저의 몽매하고 비루함을 깨우쳐 주시길 바랍니다. 이우범(李雨帆) 선생은 하남성(河南省)으로 가 출수(出守)[80]하고 있으니 길이 멀다고 하지 않고 자주 서로 소식을 통하고 있는지요?

---

77 초거(軺車) : 조정의 급명을 받은 선소자(宣召者)나 사신의 명령을 받은 사람이 타는 수레.

78 한림원 : '화전(花甎)'을 풀이한 말이다. 이 말은 꽃무늬가 박힌 벽돌이다. 한림원(翰林院) 북쪽 뜰 앞에 화전을 깐 길에서 한림원을 가리키는 말이 되었다.(고전번역원 각주정보 참고)

79 시초(視草) : 고대 사신(詞臣)이 왕명을 받들어 왕의 조유(詔諭)를 수정한 것이다. 왕이나 황제의 조서를 가리키는 말로 쓰인다.

80 출수(出守) : 중앙의 관리가 지방으로 가 태수(太守)가 되는 것을 말한다.

이우범 선생께 올린 편지는 곧 바로 전달되기를 바랍니다. 선생께서도 또한 취하여 보시면서 하나하나 마음에 와 닿게 가르쳐 주시어 멀리 있다고 소홀하게 생각하지 마시고 견책(譴責)하여 주시길 진실한 마음으로 바랍니다. 어의(御醫) 이형기(李亨基)[81]는 의술에 밝고 정통하며, 겸하여 고문사(古文辭)를 이해하고 있습니다. 저, 영작과 친분이 심히 좋습니다. 이번 동어(桐魚) 이상국(李相國)[82]을 따라 북경에 가니 서신을 지니고 찾아 가면 너그러이 봐주시고 답장을 꼭 주시길 바랍니다. '사리에 밝지 못한 사람'[83]이 갖추질 못하고 삼가 글을 올립니다.

경인(庚寅)년 11월 20일

심제인(心制人)[84] 김영작 올립니다.

안(案) : 소정(卲亭)이 1829년(道光 9) 8월에 어머니 숙인(淑人) 이씨(李氏)의 상을 당했다. 이때 기년(朞年)을 겨우 넘기고 바로 상복을 벗었다. 소정의 아버지 충주(忠州) 공(公)이 아직 살아계셨기 때문이다. 조선은 고례(古禮)를 쓰고 있어서 아버지가 살아계

---

81 '이형기(李亨基) : 1803년(순조3)에 의과 증광시에 합격하였다.

82 이상국(李相國) : 이남익(李南翼, 1773~미상)을 말한다. 이남익은 조선후기 문신으로 본관은 전주이다. 1830년 서장관으로 북경에 다녀왔다.(한국역대인물종합정보시스템 참조)

83 '사리에 밝지 못한 사람' : 혼궤(惛憒)를 풀이한 말이다.

84 심제인(心制人) : 예법상 상복은 벗었으나 슬픔이 가시지 않아 대상(大祥)이 지난 뒤 담제(禫祭)까지 입는 복이 심제(心制)이며 그에 해당하는 사람이 심제인이다.(고전번역원 각주정보 참고)

시면 어머니의 상복은 기년(朞年)으로 한다. 이 때문에 “상례 제도에 구속되고, 부친[尊] 때문에 감정을 억제할 수밖에 없다.”라고 말한 것이다. 아버지가 살아 계셔서 어머니의 상을 3년 동안 하는 것은 명나라 태조 때 정한 것이지만 조선에서는 여전히 고례를 따르고 있다. 여기에 그 제도가 중국과 다르다는 것을 석촌(石村)은 기록한다.

4

# 수방울이 조선 김소정(金卲亭) 해원(解元)에게 보내는 편지 1

1831년 1월 20일(도광 11년)

소정 해원 족하께

노철흠(盧哲欽)이 와서 족하가 작년 4월 15일에 베풀어 주신 편지와 아울러 붓과 부채, 그리고 석각(石刻) 등 몇 가지 물건들을 받았습니다. 모두 '감명을 받아 잊지 못하겠습니다.'[85] 보내온 편지에 저의 성시(省試)[86]의 답안지를 보고 칭찬하시니, 저는 재주가 향산거사(香山居士)[87]가 아니고 문채도 소박하지도 못하여 계림(鷄林)으로 전하기 위해 구입할 것도 못됩니다. 하물며 과거문체는 대체로 용렬(庸劣)하고 천박하여 족히 취할 것이 없으며, 크

---

85 '감명을 ~ 못하겠습니다.' : 인(紉)을 풀이한 말이다. 본래 인패(紉佩)라는 말로 쓰인다. 인(紉)은 감격하여 공경한다는 감패(感佩)와 잊지 못한다는 불망(不忘)이라는 뜻을 가진다.

86 성시(省試) : 지방 성(省)에서 주관하던 과거시험.

87 향산거사(香山居士) : 당나라 백거이(白居易, 772~842)는 자호(自號)를 향산거사(香山居士)라고하였다. 백거이는 일찍이 나이가 많고 벼슬에서 물러난 여덟 사람과 낙양(洛陽)에 모여 놀며 이 모임을 향산구로회(香山九老會)라고 불렀다.(고전번역원 각주정보 참고)

게 아름답다고 말할 것도 안 되는데도 족하께서 칭찬하시니 지나친 것입니다.

족하가 찬술한 것이 있으면 보내 주시어 한번 읽고 통쾌해지기를 바랍니다. 임둔(臨屯)과 낙랑(樂浪)의 땅은 평소에도 문교를 숭상하여 대대로 알려진 명사가 있었습니다. 한두 분을 추천하여 저를 위하여 말씀해 주시길 바랍니다. 이것을 제가 기쁜 마음으로 듣고 싶습니다. 여러 명사들이[88] 저술한 책들을 만약 몇 편이라도 보내 주실 수 있다면 더욱 제가 바라는 것이므로 흡족해질 것입니다. 이는 '금비(金鎞)로 눈을 치료하는 것'[89]보다 나을 것입니다. 구름과 산에 가로 막힌 이국 만리의 하늘아래 각각 한 지역에 있지만, 바라건대 질병을 조심하시고 찬(餐)을 더하여, 스스로 아끼기를 힘쓰시길 바랍니다.

1월 20일

석촌(石邨) 수방울(帥方蔚)은 아뢰닙니다.

88 명사들이 : 명류(名流)를 풀이한 말이다.

89 '금비(金鎞)로 ~ 것' : 금비괄목(金鎞刮目)을 풀이한 말이다. 인도에서 앞을 보지 못하는 사람의 눈을 금비(金鎞)로 긁어주자 광명을 다시 보게 되었다는 것에서 유래한다. 이 말은 한 순간에 깨닫는 다는 번연성오(翻然醒悟)의 뜻을 가진다.(고전번역원 각주정보 참고)

5

# 조선 김소정이 수방울에게 보내는 편지 3

봄이 끝날 때[90] '답장 편지'[91]를 삼가 받고,[92] 공경히 반복하여[93] 읽기를 지금까지도 그치지 않고 있습니다. 합하의 복록(福祿)이 편안한지 살피지 못하지만 조용하고 청화(淸華)한 곳에서 저술이 분명 풍부할 것이니, 알 지 못하겠습니다만 가히 보내 주셔서 가르침을 주실 수 있는지요? 경성경운(景星慶雲)[94]을 바라볼 수 있어 통쾌하다는 것은 분명 이런 것을 가리키는 것일 것입니다.

조선 여러 선배들의 유집(遺集)은 그 수와 양이 많고 넓어 북경

---

90 봄이 끝날 때: 춘초(春杪)를 풀이한 말이다.

91 '답장 편지': 복함(覆函)을 풀이한 말이다. 복함은 회신(回信)을 말한다.

92 삼가 받고: 승배(承拜)를 풀이한 말이다.

93 반복하여: 회환(回環)을 풀이한 말이다. 회환은 왕복(往復)하면서 순환(循環)하는 것을 말한다.

94 경성경운(景星慶雲): 상서로운 조짐을 말하기도 한다. 경성(景星)은 덕성(德星) 또는 서성(瑞星)이라고도 말하며 상서로운 별이라고 할 수 있다. 경운(慶雲)은 오색(五色)을 띄는 상서로운 구름이다. 경성과 경운은 도(道)가 있는 국가에 출현한다고 한다. 명나라 방효유(方孝孺)의 『어서찬(御書贊)』에 나오는 말이기도 하다.("惟天不言, 以象示人, 錫羨垂光, 景星慶雲.")

까지 가지고 가기가 쉽지 않습니다. 응당 별도로 편지를 전할 심부름꾼을 구해서 합하의 아름다운 부탁에 부합하고자 할 뿐 입니다. 외재(畏齋) 정단례(程端禮)[95]의 『성리자훈(性理字訓)』은 말이 간략하며 뜻이 갖추어져 있습니다. [정달원(程達原)이 더하여 넓힌 것이다.] 마치 의가(醫家)의 비결[96] 같아 초학자들에게 제일 편합니다. 이것은 제가 자나 깨나 보지 못한 것입니다. 혹시, 구해주시는 은혜를 입어 이 책에 자뢰하여 강습(講習)한다면 족하가 (저를) 육성[97]하는 속에서 침잠하는 것이 끝이 없을 것입니다.

우범(雨帆) 선생께 올리는 서찰을 다시 전달하여 드리기 바랍니다. 작년 회신은 이미 도착했을 것입니다. 이번에 인편으로 받아 보실 수 있게 보내어, 만 리의 신교(神交)로 격년마다 음묵(音墨)을 받을 수 있다면 그 기쁨은 응당 어떠하겠습니까? 삼가 이 자리에서 안부를 물으니 일체를 각별히 헤아려 주시길 바랍니다.

1831년(辛卯) 11월 4일

소정(卲亭) 김영작(金永爵) 거듭 인사를 드립니다.

---

95 정단례(程端禮) : 정단례(程端禮, 1271~1345)의 자는 경숙(敬叔), 경례(敬禮), 호는 외재(畏齋)이다. 절강성(浙江省) 영파(寧波) 사람이다. 원나라 때 교육자이며 학자이다. 주희(朱熹)를 학술 세계의 영수(領袖)인 학종(學宗)으로 삼았고 저술에는 『외재집(畏齋集)』, 『정씨가숙 독서 분년일정(程氏家塾讀書分年日程)』이 있다.

96 비결 : 맥결(脈訣)을 풀이한 말이다.

97 육성 : 견도(甄陶)를 풀이한 말이다. 이 말 뜻은 도자기를 만들 때 와기(瓦器)를 불로 굽는다는 말로 사람을 육성하고 양성하여 길러 낸다는 말로 쓰이기도 한다.

6

# 조선 홍양후가 수방울에게 보내는 편지 1

홍양후(洪良厚)[98]는 석촌(石邨) 한림원(翰林院) 내한(內翰)[99] 집사(執事)에게 머리 숙여 인사합니다. 지난번 북경에 들어가서 바로 조선과 중원의 귀인들이 합하의 재주와 조정에서의 대책(對策)에 대하여 '순박(淳朴)하고 충후(忠厚)'[100]하며 전아(典雅)[101]하여 바로 지금도 비교할 자가 없다고 성대하게 추천하는 말을 들었습니다.

---

98 홍양후(洪良厚) : 홍양후(1800~1879)의 본관은 남양이다. 자는 일능(一能)이고 호는 관거(寬居)·삼사(三斯) 등이다. 홍대용(洪大容, 1731~1783)의 손자이다. 홍원(洪薳, 1765~1818)과 신광온(申光蘊, 1735~1785)의 딸 사이에서 태어났다. 1831년에 진사시에 합격한 뒤 동몽교관(童蒙教官), 의령 현감(宜寧縣監), 천안 군수(天安郡守) 등을 지냈다. 외조부인 신광온이 취미 신재식의 부친이다. 이것이 인연이 되어 1826년 동지사행에 참여하였다.(고전번역원 각주정보 참고)

99 내한(內翰) : 한림(翰林)이라고도 한다. 당나라 현종 26년에 한림학사를 두어 내제(內制)를 담당하게 하고, 중서사인(中書舍人)에게 외제(外制)를 담당하게 하였다. 한림은 황제 조령(詔令)의 초고를 작성하는 일을 담당하였다.(고전번역원 각주정보 참조)

100 '순박(淳朴)하고 충후(忠厚)' : 순무(醇茂)를 풀이한 말이다.

101 전아(典雅) : 문장이 기초가 있어서 통속되거나 비천하지 않은 것을 말한다.

저 홍양후가 구해서 읽어보니 정말로 그 소문이 헛되이 전해진 것은 아니었습니다. 삼가 합하는 요즈음 건강이 나아지고, 아름다운 명성[102]이 드날리며, 저술도 분명 많을 것이라고 생각합니다. 들어보니, 중국(中國)에서 선비를 뽑을 때 오로지 사자서(四子書)[103]만 숭상한다고 하는데, 지금 합하께서는 대책(對策)으로 세상 사람들에게 중시되고 있으니 중국(中國)에서 선비를 선택하는 방법이 어떤 지 물어보고 싶습니다. 역시 시(詩)와 부(賻)를 사용합니까?

저 홍양후는 동해의 비루한 유생으로 지식이 얕고 누추하니 합하께서 만약에 저를 버리지 않으신다면 가르쳐 주시길 바랍니다. 우범(雨帆) 선생께 보내는 서찰은 바로 전해 드려서 잃어버리지 않으시길 바랍니다.

11월 5일

홍양후 아룁니다.

---

102 '아름다운 명성': 영문(榮問)과 같은 의미를 가진다.

103 사자서(四子書): 『논어(論語)』와 『맹자(孟子)』, 『중용(中庸)』, 『대학(大學)』 4책을 말한다. 이 책들은 공자(孔子)와 증자(曾子), 자사(子思), 맹자(孟子)의 말과 행동을 기록한 언행록(言行錄)이다.

7

# 조선 정기세가 수방울에게 보내는 편지 1

제가 조선[104]에 있을 때 합하의 성대한 명성을 들은 지 오래되어서 항상 한번 뵙기를 원하였습니다. 지금 다행히도 인편이 있어 마음속으로 기뻐하였습니다. 이 마음이 이렇게 절실하거늘[105] 집사께서 어떻게 그런 것을 아시겠습니까? 아버지께서 연공(年貢) 상사(上使)로 북경에 가심에 아버지를 모시고 따라서 이곳에 오게 되었습니다. 오늘 직접 합하의 댁으로 찾아가 가르침을 청하고자 하오니 찾아뵙기를 허락하실 수 있는지요? 지금 답장을 기다리고 있습니다.

1831년(辛卯) 납월 20일

조선 사람 정기세(鄭基世)[106] 거듭 인사를 올립니다.

---

104 조선 : 동국(東國)을 풀이하였다.

105 절실하거늘 : 견권(繾綣)을 풀이한 말이다. 견권은 정의(情誼)가 살뜰하여 뭇내 잊히지 않거나 떨어질 수 없음을 말한다.

106 정기세(鄭基世) : 정기세(1814~1884)는 정원용의 아들이다. 호는 주계(周溪)다. 문장과 서예에 조예가 깊었다. 『주계집(周溪集)』이 있다.

8

# 조선 정원용이 수방을에게 보내는 편지 1

석촌(石邨) 한림원(翰林院) 집사께.

봄날 아침 합하는 일상생활을 잘 보중하고 계시는지요? 본래 초(初) 9일 약속을 남겨두었지만 내일과 모레는 모두 공무가 있어서 시간을 내어 가기가 어렵습니다. 오늘 아침 식사를 하고 난 후 응당 잠시 찾아뵙고자 합니다. 합하께서 비록 겨를이 없겠지만 잠시 한가한 시간을 가져 보시는 것을 바라오니 어떠하신지요?

신정(新正) 8일 아침

정원용(鄭元容)[107] 거듭 인사를 올립니다.

---

107 정원용(鄭元容) : 정원용(1783~1873)의 자는 선지(善之), 호는 경산(經山)이다. 1802년 을과에 급제하였고 1831년 동지사로 청나라에 다녀왔다. 아들로는 이조판서가 된 정기세(鄭基世), 목사 정기년(鄭基年), 부사 정기명(鄭基命)이 있다. 1831년 10월 16일에 동지 정사(冬至正使) 정원용(鄭元容)과 부사(副使) 김홍근(金弘根), 그리고 서장관 이정재(李鼎在)가 순조에게 북경에 가기 위하여 인사를 드렸다. 다음 해 2월 26일 북경에서 조선으로 출발했다.

9

# 경산 정원용이 수방울에게 보내는 편지 2

원명원(圓明園)에서 돌아오는 길에 만수사(萬壽寺)[108]와 오탑사(五塔寺)[109] 같은 여러 절들을 거쳐 유람하고, 저녁 황혼이 되어 관사에 비로소 이르게 되었습니다. 합하의 편지가 책상에 놓여있어 '어루만지면서 생각해보니'[110] 위안이 됩니다. 저번 나아가 만나지 못한 것이 지금도 마음이 무겁습니다. 합하께서 틈이 있으시면 가까운 시일에 한 번 뵙는 것이 안 되겠습니까? 조선으로 돌아갈 날이 겨우 10여 일 남아 있는데도 이같이 막혀 있으니 정말 울적해 집니다. 화답시를 보내달라는 합하의 교회(教誨)에 따

108 만수사(萬壽寺) : 1577년 명나라 만력(萬曆) 황제의 어머니 자성이태후(慈聖李太后)가 출자하여 건립한 사찰.

109 오탑사(五塔寺) : 원래는 진각사(眞覺寺)라고 불렀다. 북경 해정구(海淀區) 서직문(西直門) 밖 백석교(白石橋) 동쪽에 있다. 석가모니가 득도한 가야산사(伽倻山寺)에 건립한 기념탑을 모방하여 지은 사찰이다.

110 '어루만지면서 생각해보니' : 피역(披繹)을 풀이한 말이다. 피역(披繹)과 심역(尋繹)을 합친 말이다. 피역은 서적 같은 것을 이리 저리 펼쳐 본다는 뜻이고, 심역은 회상(回想)한다는 말이다.

라 시를 적은 부채를 심부름꾼[專价]에게 삼가 드립니다. 갖추어 쓰지 못합니다.

17일 아침

경산(經山) 정원용(鄭元容) 인사를 올립니다.

10

# 경산 정원용 상서(尙書)가 보낸 화시(和詩). 편지 3

탁자를 두고 서로 연이어 앉아 조용하게 담소했다. 從容笑語榻相連
어찌 하늘 끝에 이런 인연이 있을 줄 알았겠는가? 豈識天涯有此緣

의기투합하여 계찰(季札)처럼 띠를 주고받았고 投分交酬季札帶
정이 남아 서로 '요조(繞朝)의 책찍'[111]을 준다. 留情互贈繞朝鞭

지난 흔적은 주머니에 시편(詩篇)이 남아있지만 過痕囊貯詩篇在
꿈속에서 그리워하다가 편지함에 소식을 담아 전한다. 思夢函臧信息傳

111 '요조(繞朝)의 책찍' : 춘추시대 때 진(晋)나라 대부인 사회(士會)는 진(秦)나라로 달아났다. 진(晋)나라 조정에서는 진(秦)나라에서 쓰일까 걱정이 되어 위나라 수여(壽餘)에게 위나라에 거짓으로 반란을 일으키게 하고 진(秦)나라에 들어가 사회(士會)를 만나 보고 돌아오게 하였다. 사회가 진(晋)나라로 돌아오려고 할 때 진(秦)나라 요조(繞朝)가 책찍을 주며, "그대 진(秦)나라에 사람이 없다고 하지마오. 내 계책이 공교롭게 사용되지 않아서 라오"하였다.(고전번역원 각주정보 참고)

원컨대 그대는 운룡(雲龍)[112]이 의기투합[113]을 빛나게 하듯[114]
願子雲龍昭契遇

앞 시대의 현인과 '치국(治國)의 재간'[115]으로 자주 비교되었다.
好將經濟比前賢

버드나무에 봄바람 부니 관문의 길은 평탄하고 楊柳春風關路平
친한 벗의 시는 상자에 가득하다. 親鳳詩字滿箱籯

완산(阮山)의 신교(神交) 비록 같은 음률이지만 阮山神契雖同調
포사(鮑謝)[116]의 높은 재주를 감히 대항(對抗)하겠는가?
鮑謝高才敢抗衡

---

112 운룡(雲龍) : 구름과 용이 만나는 것처럼 군주와 신하가 만나는 일을 비유할 때 쓰인 말이다. 『주역(周易)·건괘(乾卦)』에 "구름은 용을 따르고 바람은 호랑이를 따르듯이 성인(聖人)이 나오자 만물이 우러러본다."라는 말이 있다.(고전번역원 각주정보 참고)

113 의기투합 : 계우(契遇)를 풀이한 말이다. 이 말은 서로 마음이 맞아서 알뜰히 알아준다는 뜻으로 현군(賢君)과 현신(賢臣)이 서로 만나 정의가 돈독함을 말할 때 쓰이기도 한다.

114 이 시는 송(宋)나라 이류겸(李流謙)의 쓴 시, "「送何子應少卿赴召」, "雲龍契遇固疇曩, 千載一合非人力. 宋, 云龍契遇固疇曩, 千載一合非人力." 와 표현 방식이 유사하다.

115 '치국(治國)의 재간' : 경제(經濟)를 풀이하였다.

116 포사(鮑謝) : 남조(南朝) 때 저명한 시인(詩人) 포조(鮑照, 416?~466)와 사조(謝朓, 464~499)를 말한다. 두보도 이들을 언급하면서, "시와 부가 어찌 많을 필요가 있는가? 종종 포조와 사조를 능가하고자 하네."라고 하였다.(唐 杜甫 『遣興』詩之五 : "賦詩何必多, 往往凌鮑謝.")

말머리 앞엔 구름 같은 연수(煙樹)[117]로 변방의 길이 어둡고

馬首雲煙迷北塞

'술잔 앞에서'[118] 초목 우거지면 봄날 북경성(北京城)을 회상한다.

樽前草樹憶春城

그대는 응당 헤아릴 수 있을 것입니다. 그대를 그리워하는 곳에도

君應料得思君處

밝은 달이 봉주(蓬州)[119]에도 밤마다 비춘다는 것을. 明月蓬州夜夜明

---

117 연수(煙樹) : 북경으로 가는 길에 계문(薊門) 근처에 오게 되면 기온차이로 인하여 나무에 낀 안개가 바다를 이루는 장관이 펼쳐진다. 이를 연수라고 한다.

118 '술잔 앞에서' : 존전(樽前)을 풀이한 말이다. 구양수가 완계사(浣溪沙)에서 언급한 말에, "인생 어느 곳이 술잔 앞과 같은가?"에서 유래하였다. 인생을 살면서 언제 술잔 앞과 같이 마음이 놓이고 흡족할 때가 있는가 하고 반문한 말이다.(浣溪沙, "人生何處似樽前")

119 봉주(蓬州) : 방술사(方術士)가 봉래(蓬萊), 방장(方丈), 영주(瀛洲)가 있는 삼신산에 선인(仙人)과 불사약이 있다는 말을 하자, 진시황(秦始皇)과 한 무제(漢武帝)가 직접 동해(東海)까지 갔다가 돌아왔다고 한다. 이 기록은 『사기(史記)』, 28권, 「봉선서(封禪書)」에 언급된 내용이다. 동해를 언급하기 위하여 이 말을 표현한 것으로 보인다.(고전번역원 각주정보검색 참고)

11

# 수방울이 조선 해원(解元) 김소정(金邵亭)에게 보내는 편지 2

임진년(壬辰年)

해원 소정 족하께.

정군(鄭君) 기세(基世)가 찾아왔습니다. 11월 4일에 보내준 편지를 받고, 전에 보낸 편지가 이미 주변사람들에게 전달되었다는 것을 알았습니다. 거듭 보배로운 선물을 받고 나니 감사한 마음이 끝이 없습니다. 지난번 우범(雨帆) 선생으로부터 족하는 조선의 통달(通達)한 사람으로 자득의 경지에 깊이 나갔고 독실하여 미혹된 것이 없으니 (사람들이) 다다를 수 있는 사람이 아니라고 성대하게 칭찬하는 것을 들었습니다. 매번 생각이 여기에 이르면 책을 덮고, 밥 먹는 것조차 그만 두지 않은 적이 없습니다. 바다와 하늘이 만 리 떨어진 곳이어서 한 번 만나볼 방법이 없으니, 동쪽의 낙랑(樂浪)을 바라보아도 탄식만 더해질 뿐입니다. 삼가 적절한 식사를 잘 하고 스스로 아껴 친구의 생각에 위안을 주시길 바랍니다.

외람되게 저의 저술에 대하여 물었습니다. 저는 43살로 '어릴 때'[120] 때부터 선군자(先君子)[121]로부터 경전을 배워 훈고(訓詁)의 큰 뜻을 소략하게나마 이해하였습니다. 스스로 생각해 보니 경학은 우리 청왕조에 이르러 매우 성대하여 옛날 유학자들의 오래된 학설이 이미 갖추어져 있으니 제가 다시 논할 저술은 없습니다. 다만 역사학에 전심(專心)하여 연구한 저술로 『양한서변오(兩漢書辨誤)』와 『진서적오(晋書擿誤)』, 『오대사기찬오속보(五代史記纂誤續補)』, 『역대재보연표(歷代宰輔季表)』, 『개국이래재포연표(開國以來宰輔季表)』 같은 몇 종류가 있습니다. 또 시와 고문(古文)에 관한 것이 몇 권 있습니다만 편찬이 모두 천박하고 누추해서 감당할 수 없으니 출판해 이 세상에 알릴 수 없습니다. 무릇 여러 편들은 모두 합하[大雅]께 뽑아서 족히 갖추어 드릴 수 없는 것입니다.

이 이후에는 (제가) 학문을 하다가 터득하는 것이 있어서 혹시라도 도(道)를 보고 하는 말이 없는 게 아니라면 족하에게 즐겁게 들리기를 바랍니다. 비록 그렇다고 하더라도 세월이 물 흐르듯이 흘러 늙음이 장차 이르고 있으니 이 말도 쉽게 실천하지 못할 것을 두려울 뿐이지만 또한 저는 진전이 있기를 원합니다. 옆에서 들어보니, 족하는 평소 강학(講學)을 좋아하여 심(心)을 말하고 성(性)을 말하면서 그치지 않는 다고 합니다.

저는, 송나라 여러 학자들 이후로 유교(儒教)[122]가 크게 밝아졌

120 '어릴 때' : 초츤(齠齔)을 풀이한 말이다.

121 선군자(先君子) : 선군자는 돌아가신 아버지를 다른 사람에게 지칭할 때 하는 말이다.

122 유교(儒教) : 사도(斯道)를 풀이하였다.

으니 단지 몸으로 실천하는 것이 필요하다고 생각합니다. 명나라 시대 강학(講學)에서 여러 대가의 성명(性命)에 대한 고담도 그 일을 행하는 것과 말하는 것을 살펴보면 서로 어긋나 일신상의 처세에 무익합니다. 이런 것들은 단지 문호(門戶)를 열어 놓고 당원(黨援)[123]하는 습속(習俗)으로 일신상에 도움이 되지 않습니다. 응당 한나라 두태후(竇太后)[124]가 유학자들이 꾸미기를 잘하고 바탕이 적다고 말한 것과 같습니다. 바라건대, 족하께서는 다시 본받지 마시기 바랍니다. 당연히 만석군(萬石君)[125]과 같이 말로 하지 않고 몸소 실천해야 합니다. 게다가 말[言]이라는 것은 도(道)를 밝히는 수단이지만, 또한 언사(言詞)를 어둡게 하고, 뜻을 복잡하게 하는 게 많아 사람들을 쉽게 미혹하게 하니 해가 되는 것이 많습니다.

또 들어보니, 족하는 오로지 주자와 육상산(陸象山)[126]의 논쟁을

---

123 당원(黨援) : 결당(結黨)하여 도움을 주는 것을 말한다.

124 두태후(竇太后) : 두태후(기원전 200~135)는 서한시기 사람이다. 한나라 문제(文帝, 기원전179~157))의 황후이다. 경제(景帝, 기원전156~141))와 무제(武帝, 기원전140~87) 때 정권을 장악했다. 황노(黃老) 사상에 빠져 도가의 무위이치(無爲而治)를 충실하게 실행하였다.(『위키백과』 참조)

125 만석군 : 만석군은 석분(石奮)을 말한다. 석분은 한나라 경제(景帝) 때 구경(九卿)의 지위에까지 올랐으나 공손하며 근신하였다. 4명의 아들도 역시 모두 효근(孝謹)과 순행(馴行)으로 각각 2천 석(石)의 관직에 이르자, 모두 합치니 1만 석이 되므로 '만석군'이라고 불렀다고 한다. 자식들 중에 잘못한 일이 있으면 식사를 할 때 꾸짖지 않고 대신 식사를 하지 않아 자손이 반성하게 하였다고 한다. 『사기(史記)』, 103권, 「만석열전(萬石列傳)」(고전번역원 각주정보 참고)

126 육상산(陸象山) : 육상산은 남송(南宋) 때 육구연(陸九淵, 1139~1193)을 말한다. 자는 자정(子靜), 호는 상산(象山)이다. 강서성(江西省) 귀계(貴溪)의 상산

가지고 요강(姚江)[127]을 더욱 힘써 비판하고, 이로써 우리 유학을 방어의 보루로 삼으려고 한다고 하니, 이것은 또한 잘못된 것입니다. 육상산은 본래 자품이 총명하기 때문에 '범인(凡人)이 가지지 못하는 독특한 견해'[128]를 가졌다는 과오를 면하기 어렵습니다. 육상산은 "간이(簡易)한 공부는 결국 크게 되고 오래가지만, 지리(支離)한 공부[事業]는 언제나 부침이 있다."라고 하였습니다.

대개 주자(朱子)는 그러하지 못하다고 보았습니다. 하지만 그들은 입덕(入德)[129]에 조금 다를 뿐입니다. '아름다운 절조(節操)'[130]를 청수(淸修)[131]하는 것 같은 것은 체(體)가 있고, 용(用)이 있어

---

(象山)에서 강학하였다. 형인 육구소(陸九韶, 1128~1205), 육구령(陸九齡, 1132~1180)과 함께 상산학파를 형성하였다. 이들은 마음을 우주 만물의 근본으로 삼아 '심즉리설(心卽理說)'을 주장하여 정주(程朱)의 이학(理學)에 반대하였고, 명나라 때 왕수인(王守仁, 1472~1528)에 이르러 그 이론이 집대성됨으로써 육왕학파(陸王學派)라고 통칭되었다.(고전번역원 각주정보참고)

127 요강(姚江) : 강 이름으로 여요강(餘姚江)을 말한다. 요강은 명나라 왕수인(王守仁, 1472~1529)을 말하기도 한다. 왕수인은 여요(餘姚) 사람으로 자는 백안(伯安), 호는 양명(陽明), 시호는 문성(文成)이다. 왕양명은 양지양능(良知良能)을 주로 삼고, 지행합일설(知行合一說)과 치양지설(致良知說)을 주장하여 주자학파(朱子學派)와 서로 다투었다. 왕양명은 요강파라고 부른다.(고전번역원 각주정보참고)

128 '범인(凡人)이 ~ 견해' : 고명(高明)을 풀이한 말이다.

129 입덕(入德) : 성인의 품덕(品德)과 수양(修養)의 영역으로 진입하는 것을 말한다. 『예기 · 중용』에 이와 관련된 글이 있다. (『禮記 · 中庸』 : "君子之道, 淡而不厭, 簡而文, 溫而理, 知遠之近, 知風之自, 知微之顯, 可與入德矣." 鄭玄 注 : "入德, 入聖人之德.")

130 '아름다운 절조(節操)' : 과절(姱節)을 풀이한 말이다. 『초사(楚辭) · 이소(離騷)에도 언급되어 있다.

131 청수(淸修) : 청수는 개인의 도덕이나 내면세계를 수련하는 것을 말한다.

탁연(卓然)한 성현(聖賢)의 무리이니 주자(朱子)와 서로 대등합니다. 육상산(陸象山)의 어록(語錄)에 있는 말은 모두 '간단 명료'[132] 하기 때문에 사리(事理)에 부합하여 만족할 수 있습니다. 어찌 백록동(白鹿洞) 강의[133]에서만 주자가 심복하였겠습니까?

요강(姚江)의 학문에 이르러 세상에서 종종 불교의 선학(禪學)이 섞이었다는 비난의 욕을 받게 되었으니, 이는 말류(末流) 학자들의 병폐이지 양명학의 본지(本旨)가 아닙니다. 허공간(許恭簡)[134]도 왕양명[135]의 종지(宗旨)는 원래 성문(聖門)과 다르지는 않지만, 성(性)은 선(善)하지 않은 것이 없기에 지(知)도 양(良)하지 않은 것이 없고, 양지(良知)는 발(發)하지 않은 가운데 있는 것이라고 하였습니다. 논리를 세운 것이 지극히 명석하니 이 말은 당연한 것입니다.

---

132 '간단 명료' : 직첩(直捷)을 풀이한 말이다. 이 말 뜻에는 직설적이며 통쾌하게 설명한다는 뜻이 있다.

133 백록동(白鹿洞) 강의 : 송나라 희령(熙寧) 6년에 주자가 남강군(南康軍)에 부임하였는데 그해 8월에 육상산(陸象山)이 방문하였다. 이에 주자가 육상산과 함께 백록동서원(白鹿洞書院)으로 가서 제생(諸生)을 모아 놓고 육상산에게 강석(講席)에 오르게 하였다. 육상산이 『논어 · 이인(里仁)』의 "군자는 의리에 밝고 소인은 이익에 밝다.[君子喩於義, 小人喩於利]"를 주제로 강연하니, 제생들이 감동하여 눈물을 흘리는 사람도 있었다고 한다.(고전번역원 각주정보 참고)

134 허공간(許恭簡) : 허공간은 허부원(許孚遠, 1535~1604)이다. 공간(恭簡)은 그의 시호(謚號)이다. 호는 경암(敬庵)이고 절강성 덕청현(德淸縣) 사람으로 명나라 관원이다. 유종주(劉宗周)는 그의 제자이다. 1592년 전후에 허부원은 나여방(羅汝芳)의 문인인 양기원(楊起元)과 왕기(王畿)의 문인인 주해문(周海門)과 함께 남경에서 강학을 했다.

135 왕양명 : 문성(文成)을 풀이한 말이다.

용계(龍谿) 왕기(王畿),[136] 심재(心齋) 왕간(王艮),[137] 석궤(石簣) 도망령(陶望齡)[138]으로부터 여러 학자들이 지나치게 높은 논리에 힘써 이에 유파(流派)가 선학(禪學)이 되었습니다. 『명사(明史) · 유림전(儒林傳)』에 "스승의 학설을 이끌어 더하여 놓으니 왕수인(王守仁)과 더욱 멀어졌다."라고 한 것은 이것을 지칭하는 것입니다.

『명사(明史)』「왕안전(王眼傳)」에 "왕안(王眼)은 광사(狂士)이며 종종 스승의 학설을 이끌어 더하여 의론(議論)이 더욱 높고 이씨(二氏)를 출입하면서 높고 깊어졌다." 「유종주전(劉宗周傳)」에 "월중(越中)[139]에서는 왕수인(王守仁) 이후로 첫 번째는 왕기에게 전달되었고, 두 번째는 주여등(周汝登)[140]과 도망령에게 전달되었고, 세 번째는 도석령(陶奭齡)[141]에게 전달되었는데, 모두 선교(禪敎)와 섞이었

---

136 용계(龍谿) 왕기(王畿) : 용계는 왕기(1498~1583)의 호이다. 절강성(浙江省) 소흥(紹興)사람이다. 왕수인을 스승으로 섬겼고, 왕수인 문하의 7파(派) 중에 절중파(浙中派)를 창립하였다.

137 심재(心齋) 왕간(王艮) : 왕간(1483~1541)의 호이다. 명나라 때 철학가 이며 강소성(江蘇省) 동태시(東台市) 안풍진(安豊鎭) 사람이다. 왕수인 문하에 들어갔다가 양명학의 태주학파를 창립하여 전승하였다.

138 도망령(陶望齡) : 석궤(石簣)는 도망령(1562~1609)의 호이다. 절강성 소흥(紹興) 사람이다. 한림원편수(翰林院編修)와 국자감 제주(祭酒)를 지냈다. 도망령은 왕수인의 자득우심(自得于心)의 학설을 독실하게 믿었다. 저술로는 『헐암집(歇庵集)』 20권이 있다. 도망령은 공안파의 한 사람으로 영성설(靈性說)을 주장하여 문장에서 개성과 감정 표현을 중시하였으며, 의고적 작법에 대해 극력 반대하였다. 아우 도석령과 함께 이도(二陶)로 불렸다. 아우과 함께 백마산에서 강학하면서 명성을 얻었는데 그 학설은 선학(禪學)과 섞여있고 인과설(因果說)을 포함하고 있다고 평가된다.(고전번역원 각주정보거색 참조)

139 월중(越中) : 절강성 여수시(麗水市)에 있다.

140 주여등(周汝登) : 주여등(1547~1629)은 절강(浙江) 사람이다. 자는 계원(繼元), 별호는 해문(海門)이다. 왕양명의 본심(本心)을 학설의 종주(宗主)로 삼았다.

다. 도석령은 백마산(白馬山)에서 인과설을 말하였기 때문에 왕수인과 더욱 멀어지게 되었다." 「하정인전(何廷仁傳)」에는, "하정인(何廷仁)[142]은 입론(立論)이 평실(平實)하지만 왕수인이 죽은 후 지나치게 논쟁하는 자가 문득 말하기를, '왕수인은 우리의 스승이 아니다'라고 하였다." 대개 선학(禪學)에 흘러들어간 것은 모두 후학들의 과실이다.

대개 요강(姚江) 분파는 절강(浙江) 동쪽으로 전해진 것은 폐단이 많고, 강서(江西)[143]로 전달된 것은 실천(實踐)이 많다. 추문장(鄒文莊),[144] 구양문장(歐陽文莊),[145] 나문공(羅文恭), 오문장(吳文莊)

---

141 도석령(陶奭齡) : 도석령(1571~1640)의 자는 군석(君奭), 호는 석량(石梁)이다. 왕양명의 삼전제자(三傳弟子)제자이고 형 도망령과 함께 이도(二陶)라고 불린다. 도망령과 함께 백마산(白馬山) 강학(講學)으로 이름이 나고 학술에 선학(禪學)과 섞이면서 왕수인과 점차 멀어지게 되었다.

〈도석령〉
(출전 바이두 사진)

142 하정인(何廷仁) : 하정인(1483~1551)의 자는 성지(性之)이고 별호(別号)는 선산(善山)이다. 강서성(江西省) 도현(都縣) 사람이다.

143 강서(江西) : '강우 왕문(江右王門)'은 강서(江西)를 중심으로 발전하였다. '강우 왕문(江右王門)'은 강서(江西)의 왕수인 문인들의 학파로 양명학의 전통이라고 한다.

144 추문장(鄒文莊) : 추수익(鄒守益, 1491~1562)을 말한다. 문장(文莊)은 그의 시호(諡號)이고 호는 동곽(東廓)이며, 자는 겸지(謙之)이다. 왕수인의 치양지(致良知)를 도덕 교육의 근본으로 보았고 이를 발휘하도록 하였다. 저서에는 『동곽문집(東廓文集)』 등이 있다.

145 구양문장(歐陽文莊) : 문장(文莊)은 구양덕(歐陽德, 1496~1554)의 시호(諡號)이

같은 여러 사람들은 언행(言行)이 다른 것과 섞이지 않아 속이는 것이 없습니다. 지금 보내는 『유문법어(儒門法語)』 1편을 족하가 읽어보고, 육상산과 왕양명의 학문이 주자와 다른 점은 저쪽에 있고, 주자와 같은 점은 이쪽에 있다는 것을 알게 된다면 변론을 종식시킬 수 있을 것입니다. 추요(芻蕘)[146]에서 작은 것을 얻는 수확이 있을 것이니 족하께서는 유의하고 판단하여 취하시길 바랍니다. '절제하지 않고 그대로 이야기하는 것'[147]을 용서하시고, 이끌어 주시길 바랍니다. '절실히 바랍니다.'[148]

1월 25일

석촌 수방울 삼가 아룁니다.

---

다. 강서성(江西省) 태화현(泰和縣) 사람으로 왕양명의 강우(江右)학파의 대표 인물 중에 한 명이다. 저술에는 『구양남야집(歐陽南野集)』이 있다.

146 추요(芻蕘) : 나무꾼이라는 말이다. 이 말은 보통 사람들의 천한 언사에도 말할 것이 있다는 말이다. 『시경』 「대아(大雅) 판(板)」에 "옛날 선현들이 말씀하시기를, 나무꾼에게도 물어보라 하셨다네"라고 하였다. [先民有言, 詢于芻蕘.](고전번역원 각주 정보 참고)

147 '절제하지 ~ 것 : 광직(狂直)을 풀이한 말이다. 이 말은 구속받지 않고 호방(豪放)하다는 소광(疏狂)과 솔직(率直)하다는 뜻을 가진다.

148 '절실히 바랍니다.' : 행심(幸甚)을 풀이한 말이다. 행심은 서신(書信)에서 자주 쓰이는 말로 간절하게 바란다는 말이다.

# 12

# 수방울이 조선 해원 김소정에게 회포(懷抱)를 기탁하는 편지 3

저는 들었습니다. "주나라 왕실 초기에　　我聞周室初
기자가 동토(東土)에 봉해져　　箕子封東土
예의로 그곳 백성을 가르쳤습니다.　　禮義教其民
농사짓고 누에치니 풍속은 여전히 고풍스러워　　田蠶俗猶古
사람들이 한가로워 문을 닫거나 은닉(隱匿)하는 것이 없어　　人閒無閉臧
밤에 잠을 잘 때도 항상 문을 늘 열어 놓았습니다.　　夜寢常開戶
삼도(三島)[149]에서 원타(黿鼉)[150]를 막아내고　　三㠀架黿鼉
팔조목으로 소인[151]을 평정하였습니다.　　八條靖雀鼠

---

149 삼도(三島) : 전설 중에 바다에 신선이 살고 있는 봉래(蓬萊)와 방장(方丈), 그리고 영주(瀛洲) 3개의 섬을 말한다.

150 원타(黿鼉) : 원타는 큰 거북이와 악어를 말한다.

151 소인 : 작서(雀鼠)를 풀이하였다. 작서는 참새와 쥐로 소인을 말할 때 쓰이기도 한다. 『시경 · 소남(召南) · 행로(行露)』에 강포한 자가 여자를 억압하여 혼인하자 이에 여자가 상대방이 이치에 닿지 않는 억지 논리를 펴는 것을 흥(興)의 수법으로 노래하기를 "누가 참새에 뿔이 없다고 하겠는가. 뿔이 없다면 어떻게 내 지붕을 뚫었겠는가?[雖謂雀無角, 何以穿我屋?]"라고 하고 "누가 쥐에 어금니가 없다고 하겠는가. 없다면 어떻게 우리 집 담을 뚫었겠는가?[雖謂鼠無牙, 何

| | |
|---|---|
| 제기(祭器)[152]로 선비가 풍류를 가졌고 | 豆籩持士流 |
| 유박(帷薄)[153]에서 부녀들이 다스려지고. | 帷薄修婦女 |
| 유순하기가 다른 삼이(三夷)와 달라 | 柔順異三方 |
| 앞 시대의 현인들도 매번 칭찬[154]하였습니다.” | 前賢每稱許 |
| 하물며 지금 청나라 왕조가 홍함에 | 況今聖朝興 |
| 농화(醲化)[155]는 천하에 펴지고 | 醲化敷海宇 |
| 문교는 동방으로 흘러 들어가고 | 文教漸東邦 |
| 제나라와 노나라 같이 분분(份份)[156]하였습니다.” | 份份類齊魯 |
| 이인(異人)[157]이 이 사이에 나타나니 | 異人間挺生 |
| 단점(壇坫)[158]에서 강론을 펼치고 | 壇坫張旗鼓 |
| 강학(講學)[159]은 그 근원이 있으며 | 講學有淵原 |

以穿我墉?]”라고 한 데서 유래하였다. 후대에는 송사를 나타내는 말로 쓰이기도 한다.(고전번역원 각주정보 참고).

152 제기(祭器) : 두변(豆籩)을 풀이하였다. 나무로 만든 것을 두(豆)라고 하고 대나무로 만든 것을 변(籩)이라고 한다. 합칭으로, 제사를 뜻한다. 채침(蔡沈)이 『서경』의 집전(集傳)에서 언급하였다.(『서경 · 주서(周書) · 무성(武成)』, “丁未, 祀于周廟, 邦甸侯衛, 駿奔走, 執豆籩” 蔡沈集傳 : “豆, 木豆, 籩, 竹豆, 祭器也.”)

153 유박(帷薄) : 유막(帷幕)과 장막을 말한다. 특히 유박불수(帷薄不修)는 관원의 가문에서 음란한 행위로 죄를 지었을 적에 이를 피해서 유박을 단속하지 못했다는 말로 사용하기도 한다.(고전번역원 각주정보참고)

154 칭찬 : 칭허(稱許)를 풀이한 말이다. 칭허(稱許)는 칭찬가허(稱贊嘉許)를 줄인 말이다.

155 농화(醲化) : 농화는 너그럽고 후덕하게 하여 덕정(德政)으로 백성들을 교하시키는 것을 말한다.

156 분분(份份) : 빈빈(彬彬)과 같은 말로 문(文)과 질(質)을 겸한 것을 말한다.

157 이인(異人) : 평범하지 않은 사람으로 기이한 재주가 있는 사람을 말한다.

158 단점(壇坫) : 문인이 집회하는 장소 혹은 문인의 집회를 말한다.

159 강학(講學) : 공개적으로 자신의 학술을 강의하여 서술한다는 의미이다.

| | |
|---|---|
| 경학(經學)을 전하며 훈고(訓詁)가 상세했다. | 傳經祥訓詁 |
| 김영작은 도인(道人)에게서 배우니 | 金生學道人 |
| 법도를 따름이 늠름하고 | 癝癝循規巨 |
| 성리학으로 정자와 주자를 고수하고 | 性理守程朱 |
| 사장(詞章)은 서유(徐庾)[160]에 가까웠습니다. | 詞章薄徐庾 |
| 광란(狂瀾)[161]으로 백천(百川)을 막아버렸고 | 狂瀾障百川 |
| 초설(剿說)[162]하여 모두 취하지 않았다. | 勦說都無取 |
| 나와 평생 만난 적은 없지만 | 與我昧平生 |
| 편지는 보낸 지 4~5 차례 이르고 | 詒書至四五 |
| 은근(殷勤)[163]한 마음이 여러 번 저절로 통하였다. | 殷勤數自通 |
| 원컨대 금란보(金蘭譜)[164]에 의탁해서 | 願託金蘭譜 |
| 만 리 떨어진 곳에 있는 사람과 신교를 맺고자 하니 | 萬里訂神交 |

---

160 서유(徐庾) : 서유는 서금(徐擒)과 서릉(徐陵) 그리고 유신(庾信, 513~581)을 말한다. 유신은 북주(北周) 사람으로 문학가이다. 유신은 19세 때 서금과 서릉 부자와 아버지를 따라 금궁(禁宮)에 출입하였다. 문장을 지으면 비단같이 아름다워 서씨 부자의 '서'와 유신의 '유'에서 한 글자씩 따서 서유체(徐庾體)라고 하였다. 유신은 「애강남부(哀江南賦)」으로 유명하다.

161 광란(狂瀾) : 당 나라 한유(韓愈)의 진학해(進學解)에 나오는 말이다. "백천(百川)을 막아 동쪽으로 흐르게 하고, 이미 엎어진 물결을 광란(狂瀾)으로 돌이킨다.[障百川而東之, 迴狂瀾於旣倒]" 백천은 제가백가를 말하고 동쪽은 유가를 말한다. 광란은 유도(儒道)를 일으킨다는 말로 해석할 수 있다.(고전번역원 각주정보 참조)

162 초설(剿說) : 초설(勦說)은 다른 사람의 행동이나 언어 같은 것을 중단시키는 것을 말한다.

163 은근(殷勤) : 정의(情意)가 심후(深厚)한 것을 말한다.

164 금란보(金蘭譜) : 옛날 의형제를 맺을 때 서로 주고받던 첩자(帖子)를 말한다. 윗면에는 자기 가족의 족보를 썼다.

이 뜻은 '장려하고 우대'[165]할 수 있다. 此意堪嘉與

몸은 비록 호관(虎觀)[166]같이 호화스러운 곳에 있는 것은 아니나 身非虎觀豪

글은 '계림에 있는 상인'[167]에게 보이기가 부끄럽다. 文媿雞林賈

그대를 보고 진실로 다시 노력하나 望子良復勞

관산(關山)[168]이 '멀고 막힌 것'[169]이 안타깝습니다. 關山悵修阻

어느 때 잠시라도 만날 수 있을까요? 何時暫相逢

한번 본다면 '모시옷을 던져 줄 텐데.'[170] 一見衣投紵

집안에 들어와 앉으니 봄바람이 불고 入室坐春風

침상을 나란히 하고 밤비소리 들으면서 聯牀聽夜雨

'술잔을 들고 마시며'[171] 하루가 다가도록 머물며 開尊盡日留

---

165 '장려하고 우대' : 장려(獎勵)하고 우대(優待)한다는 말은 가여(嘉與)를 풀이한 말이다.

166 호관(虎觀) : 백호관(白虎觀)의 약칭이다. 한나라 때 궁중에서 경학을 강론했던 곳이다. 훗날 궁정(宮庭)에서 강학하는 곳이라는 의미로 쓰인다.

167 '계림에 있는 상인' : 계림가(雞林賈)를 풀이한 말이다. 『신당서(新唐書) · 백거이전(白居易傳)』에 나오는 말이다. 계림(鷄林) 사람들이 그 나라 국상(國相)의 글을 중국에 가지고 와서 편마다 모두 일금(一金)을 받고 팔았다고 한다. 나중에 이 말은 사람들이 문장이 정밀하고 아름다워서 책을 살 때, 책사는 것을 지칭하는 말로 쓰이게 되었다.

168 관산(關山) : 관문의 입구로 산과 고개가 험준하고 요충지인 험요(險要)의 지역.

169 '멀고 막힌 것' : 수조(修阻)를 풀이하였다. 수조는 길이 요원(遙遠)하고 끊어져 왕래하기 힘든 저격(阻隔)을 말한다.

170 '모시옷을 ~ 줄 텐데' : 노나라 양공(襄公) 29년 때 있었던 일이다. 오나라 계찰(季札)이 정(鄭)나라에 빙문(聘問)가서 자산(子產)이 예부터 알고 지내던 사람같아 흰 명주로 만든 띠인 호대(縞帶)를 그에게 선물로 주니, 자산이 그 답례로 모시옷인 저의(紵衣)을 답례했다. 이때부터 호저(縞紵)는 깊은 우의(友誼)나 벗사이에서 주고받는 선물을 의미한다.(『左傳 · 襄公二十九年』, "吳季札聘於鄭, 見子產, 如舊相識, 與之縞帶, 子產獻紵衣焉.")

촛불 앞에서 밤 세워 이야기 하는 前燭通宵語
이러한 소원은 정말로 실현되기 어려울 것이니 此願定難償
마음속의 생각을 마음 놓고 기울여 토해내어서 衷懷漫傾吐
밝은 달빛에 의지하여 庶馮明月光
한번 서로 아프도록 그리워하는 마음을 비춰보고자 합니다. 一照相思苦

예부터 바다에는 파도 부딪치는 소리에 萬古海啅聲
차가운 구름이 외로운 섬을 덮습니다. 寒雲蔽孤嶼

---

171 '술잔을 ~ 마시며' : 개준(開尊)을 풀이한 말이다. 개준(開尊)은 한자로 개준(開樽)이라고도 표기한다.

# 13

# 조선 삼사(三斯) 홍양후(洪良厚) 장원(壯元)에게 보내는 편지 1

홍양후 족하께

멀리서 수고하며 은혜롭게 베풀어주신 편지로 합하가 관심을 가져주시니 '감명을 받아 잊지 못하겠습니다'. 바다를 끼고 하늘로 만 리나 떨어진 곳을 애써 바라보면서 함께 하기를 바라고 있습니다. 저는 43세로 스스로 돌아보아도 기이(奇異)[172]한 재주가 없거늘 지나치게 원로(元老)와 거공(鉅公)[173]의 칭찬(稱讚)[174]과 장려(奬勵)를 받아 고루한 것을 잊고 국사(國士)가 되기를 서로 기약하였다가, 지금 다시 이름을 합하가 알게 되었으니 이에 스스로 부끄럽습니다.

중국에서 과거제도로 선발하는 방법을 들어보니, 국가가 선비를 뽑을 때 경의(經義)와 책론(策論), 그리고 시부(詩賦)가 있는데,

---

172 기이(奇異) : 기해(奇侅)를 풀이하였다.

173 거공(鉅公) : 천자(天子)나 왕공(王公), 또는 대신(大臣)을 말한다.

174 칭찬(稱讚) : 장차(奬借)를 풀이하였다. 장차(奬借)는 칭찬과 찬미하는 태도를 보이는 추허(推許)를 의미한다.

경의가 제일 중요하여 동시(僮試)에서 향시(鄕試), 그리고 회시(會試)에 이르기까지 이를 사용하지 않는 경우가 없습니다.

동자시(僮子試)는 사서(四書)의 뜻에서 두 문제, 오언(五言) 육운(六韻) 시(詩)에서 한 문제이고, 복시(覆試)는 사서(四書)의 뜻에서 한 문제를 빼고, 여기에 오경(五經)의 뜻에서 한 문제를 더한다. 제생(諸生)[175]의 세시(歲試)는 사서의 뜻에서 한 문제, 오경(五經)의 뜻에서 한 문제, 오언(五言) 육운(六韻) 시에서 한 문제 이다.

과시(科試)[176]는 사서의 뜻에서 한 문제, 경사시무책(經史時務策)에서 한 문제, 오언(五言) 팔운(八韻) 시(詩)에서 한 문제 이다.

3년 대비(大比)[177]는 향회시(鄕會試)라고 하는데, 시험은 모두 3차례 시험장을 거친다. 첫 번째 시험장은 사서(四書)의 뜻에서 세 문제, 오언 팔운(八韻) 시에서 한 문제이다. 두 번째 시험장은 오경의 뜻에서 다섯 문제이다. 마지막 시험장에서는 경전(經典), 사서(史書), 시무책(時務策)에서 다섯 문제이다.

회시(會試)[178] 뒤에 만약 전시(殿試)라면 대책(對策)으로, 조고(朝攷)라면 논(論), 소(疏), 시(詩)에서 각각 하나를 택하여 시험을 본다. (시는 또한 오언 팔운이다.) 기타 잡시(雜試)에는 대체로 경의(經義)를 사용한다. 경의를 사용하지 않는 경우는 오직 사과(詞科)[179] 뿐이다.

---

175 제생(諸生) : 명나라와 청나라 때 이미 입학한 생원(生員)을 말한다.

176 과시(科試) : 청나라 때 학교 제도의 하나이다. 향시(鄕試)가 있기 전에 각 성(省)의 학정(學政)에서 해당되는 부(府)와 주(州)를 순행하면서 보는 시험이다. 향시(鄕試)에 참가하려는 생원(生員)은 이 과시(科試)를 통과해서 합격한 사람만이 시험을 볼 수 있다.

177 대비(大比) : 청나라 때 향시(鄕試)를 말한다.

178 회시(會試) : 청나라 때 과거제도. 3년마다 각 성(省)에 있는 거인(擧人)들을 불러 북경에서 시험을 보는 것을 회시(會試)라고 한다.

이번 조정에서는 두 번의 사과(詞科)를 거행하면서 부(賦) 한 문제, 논(論) 한 문제, 시 한 문제, 관직(館職)과 대고(大攷) 때는 또한 부(賦), 논(論), 시에서 각각 한 문제를 시험 보는데, 시의 오언과 칠언에는 정해진 격식이 없다.

동시(僮試)에 합격하면 제생(諸生)이 되고, 향시(鄕試)에 합격하면 거인(擧人)이 됩니다. 제생은 향시에 참여할 수 있고, 거인은 회시(會試)에 참여할 수 있습니다. 회시에 합격하고 난 후에 전시(殿試)에 참여할 수 있으며 (합격하면) 진사(進士)가 됩니다. 조고(朝攷)[180]가 더해진 후에 능력을 헤아려 관직을 줍니다. 대체로 인재를 등용하는 방법은 이와 같이 자세합니다. 족하는 동방의 명류(名流)이니 저술로 저를 이끌어주실 수 있지 않겠습니까? 다른 날 사신으로 북경에 오면 한번 볼 수 있기를 바랍니다.

1월 25일

석촌 수방울은 아룁니다.

---

179 사과(詞科) : 과거 명목(名目)의 하나이다. 여기서는 학문이 연박(淵博)하고 문사(文辭)가 청려(淸麗)하여, 조정의 일상문서에 기초를 잡을 수 있는 인재를 선발한다.

180 조고(朝考) : 과거 시험으로 진사를 선발하고 나서 예부는 명단을 한림원 장원학사(掌院學士)에게 보내고 황제에게 간청하여 보화전(保和殿)에서 다시 시험을 보게 한다. 이때 대신들을 파견하여 답안지를 검토하게 하는데, 이를 조고라고 한다. 시문과 사륙병려체(四六駢儷文) 등 각종 문체로 시험을 본다.

# 14

# 조선 정사 경산(經山) 상서(尙書) 정원용(鄭元容)의 동환(東還)을 전송하는 편지 1

어찌 '잔에 부은 술'[181] 몇 잔으로 '놀아보지'[182] 않겠는가?

揭來尊酒數流連

평수상봉(萍水相逢)[183]이라고 하지만 흡사 인연이 있는 듯.

萍水相逢恰有緣

옛 친구 몇 사람이나 사신의 부절을 품어 왔던가? 舊雨幾人懷使卪

동풍이 불면 한 줄기 길에서 시인[184]을 맞이한다. 東風一路迓唫鞭

---

181 '잔에 부은 술' : 존배(尊酒)는 배주(杯酒)라고 하는데, 잔에 부은 술을 말한다.

182 '놀아보 지' : 유련(流連)을 풀이한 말이다. 유련은 『맹자』 「양혜왕」 하편에 "하류로 흘러 따라 내려가서 놀다가 돌아오는 것을 잊는 것을 유(流)라고 하고, 상류로 거슬러 올라가 돌아오는 것을 잊는 것을 연(連)이라고 한다."는 말에서 유래한 것이다.[流下而忘反, 謂之流, 從流上而忘反, 謂之連.]

183 평수상봉(萍水相逢) : 부평초가 물에 떠다니듯 흩어지는 것처럼 사람들도 우연히 만났다가 헤어진다는 말이다.

184 시인 : 금편(唫鞭)을 풀이하였다. 금(唫)은 음(吟)과 서로 통하는 글자이다. 음편(吟鞭)은 시인의 말채찍이다. 음편은 읊조리는 시인을 형용한다.

문장은 '오래된 습관'[185]이지만 정말로 남기긴 어려워도 文章結習眞難遺
도의로 정을 나눈다면 언제나 전할 수 있다. 道義交情總可傳
이번 조선[海邦]으로 가 동시에 안부를 물어보거든 此去海邦同問訊
소식을 여러 현인들에게 잘 대답해주오. 好將消息報諸賢
고유(膏腴)[186]와 세벌(世閥)은 위평(韋平)[187]에 비견하고 膏腴世閥比韋平
시와 예가 전해지는 것이 시렁에 가득하며 詩禮傳家薄滿籯
[정(鄭) 씨는 조선의 제일가는 성으로 여러 대에 모두 공경에 이르렀다.] (鄭氏爲朝鮮甲姓累世皆至公卿)
가문은 남다른 총애[188]를 삼가 받아왔다. 門搆祇應承賜戟
벼슬길엔 문형(文衡)이 더해져 宦涂況復領文衡
경산 정원용은 작년에 지공거(知貢擧)[189]였다 (經山去季知貢擧)
살펴보니 저작(箸作)은 봉도(蓬島)에 가득 찬다. 馮看箸作盈蓬島

---

185 '오래된 습관': 결습(結習)을 풀이한 말이다. 결습은 오랜 시간 쌓여 고치기 어려운 습관을 말한다.

186 고유(膏腴): 화려하고 아름다운 문사(文辭)를 말한다.

187 위평(韋平): 서한(西漢) 때 위현(韋賢)과 위현(韋玄)의 부자 그리고 평당(平當)과 평안(平晏)의 부자를 함께 말한다. 위씨(韋氏)와 평씨(平氏)의 부자는 서로 재상이 되어 대대로 추중(推重) 되었다.

188 총애: 사극(賜戟)을 풀이하였다. 사극은 황제가 창에 장식이 달린 문극(門戟)을 주어 총애로 우대하는 것을 말한다.

189 지공거(知貢擧): 지공거는 당나라와 송나라에서 비롯된 제도이다. 지(知)는 주관하여 본다는 말이고, 공(貢)은 추천하여 보냄, 거(擧)는 뽑아서 쓴다는 말이다. 각 지방에서 추천하여 보낸 선비를 뽑는 주임관(主任官)이라는 뜻이다.(네이버 백과사전 참고)

일찍부터 성화(聲華)[190]가 있어 유성(柳城)[191]에 전달이 되었다. 蚤有聲華過柳城

나는 매화 가지를 꺾어서 멀리 보내고자 하니 我欲折梅還寄遠

그대 몹시 북경(北京)[192] 그리워하는 것을 알아서다. 知君良苦憶春明

---

190 성화(聲華) : 세상에 알려진 명성과 영광이라는 뜻이다.

191 유성(柳城) : 유성은 요령성(遼寧省) 조양(朝陽), 또는 지금의 열하(熱河) 능원(凌源)이라고 한다. 또 옛날 고죽국(孤竹國)의 홍중부(興中府)였다가 한나라 때 유성현(柳城縣)이 되었는데, 요서군(遼西郡)의 속현이라고 한다. 시에서 말한 지역은 정확히 추정하기 어렵다.(고전번역원 각주정보 참고)

192 북경(北京) : 북경은 춘명(春明)을 풀이하였다. 당나라 때 수도 장안(長安)에 춘명문(春明門)이 있었다. 이로 인하여 경도(京都)를 의미하는 말로 쓰인다.

15

# 경산(經山)의 영자(令子)인 진사(進士) 주계(周谿) 정기세(鄭基世)에게 보낸 편지 1

(내가) 조정에서 제일가는 사람도 아닌데도 不是中朝第一人
부질없이 '방문'[193]하려고 '수레'[194]를 타네. 漫勞過訪駐文茵
우연히 북경[日下]에 와 이름과 자(字)를 통했고 偶來日下通名字
하늘 끝도 이웃과 같다는 것을 알았다. 眞覺天涯若比隣
옛적 우정을 논할 때 호저(縞紵)[195]를 그리워했고 千古論交懷縞紵
온 집안이 왕명[196]을 받들어 '번성하였다.'[197] 一家濟美掌絲綸

193 방문 : 과방(過訪)을 풀이한 말.

194 '수레' : 문인(文茵)을 풀이한 말이다. 문인은 수레 안에 호피(虎皮)로 만든 방석이다. 『시경』·진풍(秦風)·소융(小戎)』에, "문채가 나는 호피 방석이며 긴 바퀴통이다.[文茵暢轂]" 하였다.(고전번역원 각주정보 참고)

195 호저(縞紵) : 호저는 호대(縞帶)와 저의(紵衣)를 말한다. 춘추시대 오(吳)나라 계찰(季札)이 정(鄭)나라로 사신을 갔다가 자산(子産)을 만나 보니 옛날부터 서로 알고 있던 사람 같아 호대를 주고 자산은 저의를 주었다. 이로 인하여 호저는 깊은 우의(友誼)를 비유하거나 친구 사이에 선물을 서로 주고받는 것을 말한다.(고전번역원 각주정보 참고)

196 왕명 : 사륜(絲綸)을 풀이한 말이다. 사륜은 임금의 조서(詔書)를 뜻하는 말이다. 『예기·치의(緇衣)』에 "왕의 말은 처음엔 실오라기 같다가도 일단 나오면 굵은 명주실처럼 되고, 왕의 말은 처음엔 굵은 명주실 같다가도 일단 나오면

평생 해내(海內)에 지기(知己)가 많았지만　　　　平生海內多知己
변진(弁辰)[198]에 헛된 명성이 이를까 오히려 부끄럽다.
翻媿虛聲到弁辰
칼을 차고 편편공자(翩翩公子)[199] 황제가 있는 곳에 오니
劒佩翩翩入帝鄕
풍류인 그의 몸가짐은 어떤 낭군인가?　　　　風流人其持何郎
[주계는 이때 19살 이었다.]　　　　(周谿時季十九)
경어(鯨魚)[200]가 신산(神山)[201]의 파도에 근접하듯　　　　鯨魚近接神山浪
낙타와 말을 타고 멀리 상국의 관경을 관람한다.　　　　駱馬遙觀上國光
또 다시 새로운 시가 있으니 시인은 노면(露冕)[202]이 되고
賸有新詩唫露冕

---

밧줄과 같이 된다.[王言如絲, 其出如綸, 王言如綸, 其出如綍.]"라는 말에서 유래하였다.(고전번역원 각주정보 검색)

197 '번성하였다' : 제미(濟美)를 풀이한 말이다. 제미는 이전의 기초 위에서 미호(美好)한 것들이 발양(發揚)하여 광대(光大)해지는 것을 말한다. 『좌전(左傳)』에 나오는 말이다.

198 변진(弁辰 : 변진 지방에 자리 잡고 있던 나라 이름으로, 금관가야(金官加耶)를 가리키기도 하고 또는 가야연맹체를 총괄하여 지칭하기도 한다. 마한(馬韓)과 진한(辰韓), 그리고 변진(弁辰)을 합쳐 삼한(三韓)이라고 한다.(고전번역원 각주정보 참고)

199 편편공자(翩翩公子) : 편편공자는 옛날 풍류(風流)와 문채(文采)가 있는 부귀한 집안의 자제를 말한다.

200 경어(鯨魚) : 경어는 고래의 속칭(俗稱)이다.

201 신산(神山) : 신산은 신화에서 신선이 거주하는 산이다.

202 노면(露冕) : 노면은 수레에서 장막을 걷어 면류관을 보인다는 고사에서 유래한 말이다. 후한(後漢)의 곽하(郭賀)가 형주 자사(荊州刺史)가 되어 선정을 베풀자 명제(明帝)가 삼공(三公)의 의복을 하사하고 잘 보이도록 수레의 장막을 걷어서 그가 쓰고 있는 면류관을 백성에게 보이게 하였다. 『後漢書』, 26권, 「郭

이것은 예상우의곡(霓裳羽衣曲)[203]을 꿈속에서 기억하듯 那將舊寥憶霓裳

다른 해 또렷이 기억하게 될 것입니다. "북경의 객사에서 他季好記長安邸

조용히 벽향(碧香)을 마시며 담연(談讌)[204]했던 것을." 談讌從容飮碧香

[조선술의 이름이다.] (朝鮮酒名)

賀列傳」에 구체적인 언급이 있다. 이 말은 일반적으로 예복(禮服)에 수가 화려하고 문양이 있는 것을 의미하기도 한다.(고전번역원 각주정보 참고)

203 예상우의곡(霓裳羽衣曲) : 당 현종(唐玄宗)이 꿈 속에 월궁(月宮)에서 선녀들이 무지개 빛깔의 치마와 새털로 만들어진 옷을 입고 춤추고 노래하는 것을 보았다. 현종이 그 곡을 물으니 「예상우의(霓裳羽衣)」라 하였다. 깨어나 이를 본떠서 「예상우의곡」과 「예상우의무(霓裳羽衣舞)」를 만들어 양귀비(楊貴妃)에게 춤을 추게 하였다고 한다.(고전번역원 각주정보 참고)

204 담연(談讌) : 한편으로 술을 마시면서 이야기를 나누는 것을 말한다.

16

# 조선 김영작이 수방울에게 보내는 편지 4

석촌(石邨) 내한(內翰)[205] 족하께.

정주계(鄭周谿)[206]가 북경에서 돌아 왔습니다. 삼가 경시하지 않으시고, 긴 편지로 총애를 받았습니다. 수천 마디의 말로 학술을 강구하시니 펼쳐 보인 뜻이 매우 높습니다. 거듭 부채와 보배로운 시문[什][207]을 받았습니다. 그 말이 통창하고 정이 진지하여 진실한 마음이 합하와 서로 비추어 지는 것 같습니다. 합하께서 두텁게 돌아봐 주시지 않았다면 어떻게 이럴 수 있었겠습니까?

정주계(鄭周谿)를 영사(令嗣)[208]로 묘년(妙年)이며 준일(俊逸)하다고 성대하게 칭찬하시고, 진실로 '사가(謝家)의 옥수(玉樹)'[209]가 되

205 내한(內翰) : 당나라와 송나라 때에는 한림(翰林)을 내한(內翰)이라고 했다. 청나라 때에는 내각중서(內閣中書)를 내한이라고 했다.

206 '정주계(鄭周谿)' : 앞에서 언급된 정원용의 아들 정기세를 말한다. 주계는 그의 호이다.

207 '시문[什]' : 옛날에는 시문(詩文) 10편을 1권(卷)으로 편성한 것에서 유래한 말이다.

208 '영사(令嗣)' : 남의 대를 이을 아들을 높여 부르는 말.

어 응당 시례(詩禮)의 교훈을 받아서 '가업(家業)'[210]을 떨칠 것이라고 생각하며 '축하'[211]를 지극히 하셨습니다. 자녀[212]와 서로 '문후(問候)'[213]를 하여, 세교(世交)의 우호를 돈독히 하고자 하나 자질구레한 일에 얽매이어 이루어 내지 못하였지만 저를 위하여 이와 같은 신뢰(信賴)[214]의 뜻을 펴보여 주시길 바랍니다. 족하가 사가(史家)[215]에 대하여 그윽하게 완미한 것을 얻어 듣고 싶습니다. 빛나는[216] 문장[217]으로 저술이 키만큼 쌓였을 것이고, 계책은 응당 득실에 밝고, 들어내어 경세제민(經世濟民)을 말했을 것이니

---

209 '사가(謝家)의 옥수(玉樹)' : 사가는 동진(東晋) 때 문벌을 이룬 재상 사안(謝安, 320~385)의 집안을 말한다. 사안이 아들과 조카들에게 묻기를, "어찌하여 사람들은 자기 자제가 출중하기를 바라는가?" 하고 묻자, 조카 사현(謝玄)이 "비유하자면 마치 지란(芝蘭)과 옥수(玉樹)가 자기 집 뜰에 자라기를 바라는 것과 같습니다."라고 한 데서 유래한 말이다. 관련된 성어로는 사가보수(謝家寶樹) 또는 사가지란(謝家芝蘭)이라 한다.(고전번역원 각주정보 참고)

210 '가업(家業)' : 기구지업(箕裘之業)을 풀이한 말이다. '기구'는 키와 가죽옷이라는 뜻으로, 가업을 비유하는 말이다. 『예기(禮記)』「학기(學記)」의 "훌륭한 대장장이의 아들은 가죽옷 만드는 것을 익히게 마련이고, 활을 잘 만드는 궁장(弓匠)의 아들은 키 만드는 것을 익히게 마련이다.[良冶之子, 必學爲裘, 良弓之子 必學爲箕.]"라는 말에서 유래하였음.(고전번역원 각주정보 참고)

211 '축하' : 찬하(攢賀)를 풀이한 말이다. '찬하'는 두 손을 마주대어 가슴에 모으고 경사스러운 일을 축하하는 것을 의미한다.

212 자녀 : 자사(子舍)를 풀이한 말.

213 '문후(問候)' : 문후는 통문(通問)을 풀이한 말이다.

214 신뢰(信賴) : 신뢰는 경향(傾向)을 풀이한 말이다.

215 사가(史家) : 사가는 역사를 편찬하고 서술하거나 역사에 전통한 사람을 말하지만, 여기서는 역사가가 편찬하여 서술한 저술로 보인다.

216 빛나는 : 염천(掞天)을 풀이하였다. 염천은 열이나 빛이 한 점으로부터 사방으로 쏘아 나가는 폭사(輻射)하는 강렬한 광선을 말한다.

217 문장 : 대필(大筆)을 풀이하였다.

어찌 잘못된 것을 증명하고 거짓을 분별하는 것에 그치겠습니까? 본분에 넘어서는 일이라고 겸손해[218] 하지 마시고, 바람결에 볼 것을 보내주시어, 어리석음을 개발시켜 주듯이 비추어 주어 저의 고루한 것을 이끌어 주십시오.

주자와 육산상의 논쟁은 망령되이 함부로 입[219]에 올려 가담할 것이 못됩니다. 옛 성인을 비판한다는 것은 붓대롱으로 바라본 것을 표현한 것일 뿐입니다. 합하에게 취정(就正)[220]하여 높고 밝은 논리로 듣기를 바랄 뿐입니다. 두터운 가르침을 입어 말로 하지 않고 몸소 실천하라는 가르침을 받으니 감동하였습니다. 삼가 이 말을 되새겨 보면서 '띠에 써놓습니다.'[221] 하물며 『유림법어(儒林法語)』 1권의 책은 명확한 훈계(訓誡)이면서 정확한 논단(論斷)이 아닌 것이 없어 머리를 숙여 읽으며 받들어 규얼(圭臬)[222]로 삼겠습니다. 선학(禪學)의 원류(源流)는 바쁘다 보니 어려운 것을 변론하지 못했습니다. 다시 저의 어리석음이라도 다하여 재찰(裁察)[223]을 갖추겠으니 헤아려 주십시오.

---

218 겸손해 : 휘겸(撝謙)을 풀이하였다.

219 입 : 아협(牙頰)을 풀이하였다.

220 취정(就正) : 다른 사람에게 가르침을 구한다는 말이다.

221 '띠에 써놓습니다.' : 서신(書紳)을 풀이한 말이다. 이 말은 글을 잊지 않기 위하여 예복의 띠에 써서 차고 다니는 것을 말한다. 『논어』 「위령공(衛靈公)」에 "자장(子張)이 공자의 말을 띠에 썼다.[子張書諸紳]"라는 구절이 있다.(고전번역원 각주정보 참고)

222 규얼(圭臬) : 규는 일영(日影)을 헤아리는 데에 쓰는 것이고, 얼은 표준이다. 그러므로 사람이 표준으로 될 만 한 자를 역시 규얼이라 칭한다. 당나라 두보의 「팔애시(八哀詩)」, "圭臬星經奧, 蟲篆丹青廣."라는 구절이 있다.(고전번역원 각주정보 참고)

저의 친구 성경재(成絅齋)는 재능이 드러나고 학식이 엄관(淹貫)[224]한데, 요즈음 금률(琴律)에 몰두하고 있습니다. 저에게 책 한 권을 보내와 합하에게 삼가 여쭈어 보기를 청합니다. 그래서 이에 합하에게 보내오니, 이 시대 음악을 아는 군자에게 널리 물어 보고 하나하나 분석하여 가르쳐 주시길 바랍니다. 하남성 역사(驛使)는 정말 우범(雨帆) 선생과 자주 연락하여 끊이지 않고 서신을 보내고 있습니까? 서신은 별지(別紙)로 재단(裁斷)해서 보내오니 삼가 대신 전달하여 주시길 바랍니다.

저는 봄이 끝날 무렵 단구(丹丘)[225]에서 영월[越中]로 들어가 강산의 빼어난 경치를 골고루 본 다음 물길을 따라 내려왔습니다. 가을이 오자 다시 금강산(金剛山)으로 들어가서 신령스러운 진경(眞景)을 찾아보고, 동해에서 배를 타고 일출을 보려고 하는데, 모두 합치면 3,000~4,000리가 됩니다. 사신의 행차가 재촉하기만 하고 사신의 수레가 막 떠나려고 하기에 바삐 몇 글자 적어 합하의 기거(起居)에 문안인사를 드립니다. 할 말을 남겨 계속해서 다하기를 기다리겠습니다. 모든 것을 오직 밝게 살펴 주시길 바랍니다. 할 말을 다하지 못합니다.

1832년(壬辰) 10월 보름<br>김영작 거듭 인사를 올립니다.

---

223 재찰(裁察) : 고려하여 판단하거나 결정하는 것을 말한다.

224 엄관(淹貫) : 정밀하게 통찰하여 폭 넓게 이해하는 것을 말한다.

225 단구(丹丘) : 단양을 말한 것으로 보인다.(고전번역원 각주정보 참고)

17

# 조선 홍양후가 수방울에게 보내는 편지 2

홍양후는 삼가 석촌 내한 집사(執事)께 아룁니다.

지난 날 제가 북경에 있었을 때 이우범(李雨帆) 선생을 뵐 수가 있었습니다. 이에 이우범 선생을 통해서 허우령(許藕舲)[226] 선생에게 납교(納交)하였습니다. 두 분의 선생은 중화(中華)의 대군자입니다. 두 분께서 나를 멀리 있는 사람이라고 저버리지 않고, 아름다운 은혜로 나서서 가르쳐 주셨습니다. 바다 귀퉁이에 사는 하사(下士)로서 이와 같은 기이한 인연을 생각하지 못했으니 영광스럽고 다행스럽다고 말할 수 있겠습니다. 저도 역시 집사께서 세상에 다시없는 비범한 재주를 가지고 있다고 들었습니다. 그리워하는 마음이 심히 크고, 인연에 끌렸으나 연분이 얕아 한번 만나 뵙지 못하니 마음 한가운데가 견권(繾綣)[227]한 것을 어느 날인

226 허우령(許藕舲) : 허우령의 이름은 내갱(乃賡)이고 자호는 우령(藕舲)이다. 1817년 진사로 급제하였고 서길사를 거쳤다. 글씨로 유명했다.(김명호, 환재 박규수연구』, 63면 참조, 창작과 비평사, 2008. 참조.)

227 견권(繾綣) : 견권은 정감이 깊고 두터워지는 것을 말한다.

듣 읽을 수 있겠습니까? 합하께서는 어떻게 이것을 아실 수 있겠습니까? 오직 바람을 바라보며 회상할 뿐입니다. 이우범과 허우령 선생께 편지를 보내오니 바로 부쳐 보내 주시길 바랍니다. 만약에 돌아오는 답장이 있다면 다시 전해 주시길 바랍니다. 그리워하는 성심(誠心)이 하루 나절에 그치는 것이 아닙니다. 이해해 주시길 바랍니다. 엄동[隆冬] 성한(盛寒)에 오직 도체(道體)를 스스로 보중하시길 바랍니다.

1832년(壬辰) 음력 10월[小春] 15일
홍양후 머리 숙여 인사를 드립니다.

18

# 조선 정기세가 수방울에게 보내는 편지 2

북경 도성(都城)에 있는 성문으로 들어와서 제일 먼저 한번 볼 수 있었던 중국 명사(名士)의 의표(儀表)는 바로 합하였습니다. 깊은 학문과 해박한 지식은 '협소한 시각으로 헤아릴 것'[228]이 아닙니다. 온화한 얼굴은 옥 같고, 아름다운 지조는 난초 같습니다. 게다가 사람으로 하여금 기쁘게 느껴 사모하는 마음을 성대하게 가지게 합니다. 하물며 아름답게 가르쳐서 노력하게 하고, 보배로운 글로 총애하시기를 은근하면서도 심후(深厚)하게 하여 주시니 어찌 잊을 수가 있겠습니까?

합하와 이별하고 이미 계절이 바뀌었습니다. 합하에게 만복이 깃들고, 명성이 아름답게 드날리고, 영화(榮華)와 복록(福祿)이 하

228 '협소한 ~ 것' : 관려규측(管蠡窺惻)을 풀이한 말이다. 관려규측은 관규려측(管窺蠡測)이라고도 한다. 이 말은 관통으로 헤아리는 것과 표주박으로 바닷물을 측량하여 이해한다는 뜻이 합쳐져서 이루어진 말이다. 한나라 무제 때 동방삭(東方朔)이 이 말을 남겼다고 한다. 출전은 『문선(文選) · 동방삭(東方朔) · 답객난(答客難)』

루하루 융성해지기 바랍니다. 어린 자제분의 납채(納采)를 살펴서 또한 더욱 환락(歡樂)하고 유쾌(愉快)해지며, 경전을 풀이하고 도를 강의하여 날마다 크고 넓어지기를 바랍니다. 매번 김소정을 만날 때마다 이야기가 끊이지 않고 있습니다.

저는 이번 봄에 수레를 몰고 조용히 돌아와서, 옛 성남(城南) 집에 의지하며 조용히 책을 읽으려고 하였으나 게으름이 날로 심해져서 학업이 부진합니다. 합하와 이별할 때 힘써 노력하겠다는 성대한 뜻을 헛되이 할 까 두렵습니다. 진실로 부끄럽고 부끄럽습니다. 이번 사신의 행차를 계기로 삼가 기거(起居)에 거동을 수양하겠습니다. 다 갖추어 쓰지 못합니다.

도광 1832년(壬辰) 소춘(小春) 대설(大雪)의 날에

주계(周谿) 정기세(鄭基世)

## 19

# 약헌(約軒) 도위(都尉) 홍현주(洪顯周)[229]가 보내는 시 1

| | |
|---|---|
| 태평성대에 태어나서 | 生際太平日 |
| 성품이 편벽되게 오직 시를 탐닉하였습니다. | 性癖惟詩耽 |
| 집에서 부지런히 수창(酬唱)[230]하고 | 家庭勤酬唱 |
| 산천을 다니며 찾아내기 위하여 탐문했지만 | 山水窮搜探 |
| 늙음에 이르러도 좋은 구절이 모자랐습니다. | 到老乏佳句 |
| 책을 펴보고 실로 스스로 부끄러워집니다. | 開卷良自慙 |
| 마구 쓴 것이 날마다 쌓여 | 漫錄日以積 |
| 소의 허리와 하인이 나란히 짊어져야 했습니다. | 牛要竝奚儋 |
| 이걸 다 버린다고 하여도 아까울 것이 없습니다. | 全棄無可惜 |
| 겨우 열 개 중에 두세 개는 보존하려는지. | 苟存十二三 |

---

229 홍현주(洪顯周) : 홍현주(1793~1865)의 호는 해거재(海居齋)와 약헌(約軒)이 있다. 조부는 홍낙성(洪樂成), 아버지는 홍인모(洪仁謨)이고 맏형은 홍석주(洪奭周)이고, 둘째 형은 홍길주(洪吉周)이다. 홍현주는 정조의 둘째 딸이자 순조의 여동생인 숙선옹주(淑善翁主)와 결혼하여 정조의 사위가 되었다. 1804년 옹주의 남편으로 정해져 영명위(永明尉)에 봉해졌다. 서화에 벽(癖)이 있었다. (한국역대서화가 사전 참조, 네이버 지식백과)

230 수창(酬唱) : 시가를 서로 주고받으며 부른다는 의미이다.

| | |
|---|---|
| 보고 듣고 한 것이 고루한 것은 | 聞見意孤陋 |
| 풍기가 남북(南北)에 한정되었기 때문입니다. | 風氣限北南 |
| 중주(中主)의 명사(名士)를 사모하여 | 中州慕名士 |
| 이역만리에 마음대로 편지를 보내니 | 萬里輕寄函 |
| 이 뜻은 어찌 '인정받으려는 것'[231] 이겠습니까? | 此意詎沽衒 |
| 부부(覆瓿)[232]라도 진실로 달가운 것이니 | 覆瓿固所甘 |
| 보시고 곱고 미운 것을 감별하여 주세요. | 淸鑑別姸醜 |
| 좋은 약은 말 못하는 것도 고쳐 주기에 | 良藥破聾暗 |
| 지향(志向)과 원망(願望)을 여기에 다 하고 나니 | 志願於斯畢 |
| 감격을 제가 어찌 감당할 수 있겠습니까? | 感激吾何堪 |

1832년(壬辰) 소춘

조선 부마, 풍산 홍현주(洪顯周) 거듭 인사를 올립니다.

---

231 '인정받으려는 것' : 고현(沽衒)을 풀이한 말이다. 이 말은 자신의 장점을 뽐내어 임용(任用)되기를 구한다는 말이다. 고(沽)는 공자가 한 말이기도 하다. 『논어』「자한(子罕)」』에 "자공이 묻기를 '여기에 아름다운 옥이 있다면, 상자에다 싸서 보관해 두시겠습니까? 좋은 값을 받고 파시겠습니까?'라고 하자, 공자가 '팔아야지, 팔아야지. 그러나 나는 비싼 값을 쳐 주기를 기다리는 사람이다.'라고 하였다.[子貢曰 : 有美玉於斯, 韞匵而藏諸, 求善賈而沽諸? 子曰 : 沽之哉, 沽之哉, 我待賈者也]" 하였다.(고전번역원 각주정보 참고)

232 부부(覆瓿) : '부부'는 저작이 조금도 가치가 없거나 사람들에게 중시 받지 못하는 것을 말한다. 원래 '부부'는 장독을 덮는다는 말로 한나라의 유흠(劉歆)이 양웅(揚雄)의 『법언(法言)』이라는 책을 후세 사람들이 이해하지 못하고 항아리 덮개로 사용할지도 모른다고 하였다는 데서 유래하였다. 『한서(漢書)』, 87권, 「양웅전하(揚雄傳下)」(고전번역원 각주 정보 참고)

20

# 수방울이 김영작에게 보내는 편지 4

소정(卲亭) 해원(解元) 족하께

손수 써주신 편지를 펼쳐 읽어보고 삼가 보여주신 관심을 감사하게 받았습니다. 멀리 (조선을) 바라보며 소매를 걷고 거듭 세 번을 반복하여 보니 '온 몸 속'[233]에 감동이 새겨집니다. 합하가 겸손하게 아융(阿戎)[234]에 대하여 물어봐 주셨지만, 아이는 어리석고 문(文)을 잘하는 재주가 없어서 '아들 때문에 아버지에게 절할 수'[235]는 없습니다. 지나치게 '칭찬과 존중'[236]을 받고나니

---

233 '온 몸 속' : 오중(五中)을 풀이한 말이다. 오중은 우리 몸속에 있는 내장(內臟), 간장(肝腸), 염통, 자라, 허파, 콩팥을 말한다.

234 아융(阿戎) : 아융(阿戎)은 당제(堂弟) 등을 말한다.

235 '아들 ~ 수' : 위군배기(爲群拜紀)를 풀이한 말이다. 삼국시대 위나라 진군(陳群)은 재주로서 명성이 있었다. 진군을 만나기 위해 아버지 진기(陳紀)에게 참배했다고 한다. 아들과의 관계 때문에 그 부친을 존경한다는 말에서 유래했다. 『삼국지(三國志)』「위서(魏書) · 진군전(陳郡傳)」에 나오는 말이다.

236 '칭찬과 존중' : 장차(將借)를 풀이한 말이다. 장차는 칭찬과 추허(推許)를 말한다. 추허는 받들어 높이는 추중(推重)과 칭찬하는 추허의 합성어이다.

정말 이 때문에 더욱 부끄러워집니다. 언제나 오직 합하의 도체(道體)가 안락(安樂)하고, 기거(起居)가 평상시 좀 더 나아지기를 바랍니다.

보내주신 편지를 보니, 지난번 합하가 단구(丹邱)에서 영월[越中]로 들어가 금강산의 경치를 유람하고, 동해에서 배를 타고 해가 뜨는 것을 보고 돌아 온 것이 몇 천리가 되었다니, 유람한 것이 장엄했다고 말할 수 있습니다. 옛날 사람들이 강산(江山)의 도움을 받아 문장이 더욱 기이하게 되었다고 합니다. 족하께서 바다와 하늘에 눈길을 주어 심오(深奧)하고 비밀스러운 것을 다 살피었으니 얻은 것만 '하더라도'[237] 적지 않은 것이라고 생각합니다.

성경재(成絅齋)는 금률(琴律)에 전심하여 연구하였고, 또한 단아하여 옛 것을 좋아하는 선비였습니다. 고금(古琴)[238]의 척(尺)과 촌(寸), 그리고 기수(器數)[239]의 일절에 대하여 말한 것은 그 설명이 경(經)의 주(注)와 여러 전(傳), 기(記)에 흩어져 보이고 있으니 번거롭게 덧붙여 서술하지 않겠습니다.

인삼 3냥, 간지(簡紙) 50폭(幅), 연지(聯紙) 2축(軸)은 이미 이곳에 보내왔지만, 삼가 연지(聯紙) 1축(軸) 만 받았습니다. 천리나

---

237 '하더라도' : 정부(政復)를 풀이한 말이다. 정부는 즉사(卽使) 또는 종사(縱使)라는 말이다.

238 고금(古琴) : 오동나무로 만든 거문고로 5현(絃)이었는데, 나중에 늘여서 7현으로 만들었다.

239 기수(器數) : 고례(古禮)의 예기(禮器)와 예수(禮數)에 대한 여러 가지 규정을 말한다.

되는 아득히 먼 곳에서 전달하기 어려운데 두터운 정의(情意)가 깊으니 '잊지 않기로 영원히 맹세합니다.'[240] 이중 인삼 3냥, 간지 50폭, 연지 1축은 다음에 오는 사신을 통해 돌려보내고자 합니다. 성조(聖朝)께서 화이(華夷)를 통일하고 나서 조선에서는 조공을 받치는 사신이 해마다 여러 번 옵니다. 우리들은 도의(道義)로써 서로 우호를 교류하기를 바라는 것이므로 단지 서신으로 소식을 전해도 족한 것이지 선물로 예의를 할 필요가 없습니다. 시전(詩牋) 1갑(匣)을 딸려 보내오니, 살펴 받아 두시길 바랍니다. 시간이 물 흐르듯이 가고 있습니다. 스스로 아끼기를 노력하길 바랍니다.

1월 20일

석촌 수방울이 아룁니다.

240 '잊지 ~ 맹세합니다.' : 불훤영시(弗諼永矢)를 풀이한 말이다. 이 말은 『시경 · 위풍(衛風) · 고반(考槃)』에 "獨寐寤言, 永矢弗諼."라고 한 말에서 유래하였다.

21

# 수방울이 삼사(三斯) 장원(壯元) 홍양후(洪良厚)에게 보내는 편지 2

홍양후 족하가 보내준 편지를 받았습니다. 조선에 있는 사람을 그리워하는 마음에 그리움을 떨칠 수 없어서 바람을 맞으며 펼쳐 놓고 읽으니 마음에 새겨지는 감명이 자못 깊었습니다. 존후(尊候)가 형통하여 좋다는 것을 숙실(熟悉)하고 나니 매우 위안이 됩니다. 더위와 추위가 교체하여 바뀌고, 세월이 머무르지 않아 쏜 화살 같이 늙음을 재촉하는 것을 뜻있는 선비가 애석하게 생각합니다. 편히 쉬는 틈을 가리지 않고 저술한 것이 자못 많지 않습니까? 조선에 아름다운 선비가 많을테니 족하와 절친한 사람 중에 소정과 비교되는 사람이 몇 사람이나 됩니까?

우범(雨帆) 선생에게 보낸 편지는 이미 보냈고, 우령(藕舲) 선생은 상중에 있어 회적(回籍)[241]하였으므로 보낸 주신 편지는 보낼 사람을 찾기가 어렵습니다. 이에 다시 돌려보내니 살펴 받아 두

---

241 회적(回籍) : 회적은 귀적(歸籍)이라고도 한다. 회적은 청나라 때 한인(漢人)관원들이 상(喪)을 당해 수제(守制)를 하거나, 종양(終養)과 고병(告病) 등의 원인으로 사직(辭職)이나 해직(解職)을 하고 고향에 가서 거주하는 것을 말한다.

시길 바랍니다. 바야흐로 봄이 되니 일마다 모두 즐겁습니다. 오직 때에 맞추어 잘 보살피시길 바랍니다.

1월 20일

수방울이 아룁니다.

## 22

# 수방울이 조선 주계(周谿) 진사 정기세(鄭基世)에게 보내는 답장 2

주계 정기세 진사 족하께

북경에서 한번 이별한 후 세월[242]이 다시 바뀌었습니다. 합하의 아름다운 모습을 생각해보면서 수고를 무릅쓰고 멀리서 그리워합니다. 이에 날마다 기거(寄居)에 만복이 깃드시길 바랍니다. 보내주신 편지를 살펴보니, 합하가 조선으로 돌아가는 길이 편안했다는 것을 알았습니다. 여러 꽃들이 나무에 피어나고, 아름다운 풀들이 언덕을 덮을 때, 아득한 버드나무 길을 바라보고 있는 것을 상상해 보면, 아름다운 미관(美觀)이[243] 아닌 것이 없을 것입니다. 당시 행역(行役)[244]의 유감을 다시 가지지 않으려 해도 이별로 인한 그리움이 일어납니다.

---

242 세월 : 세약(歲籥)을 풀이한 말이다. 약(籥)은 갈대 막을 태워서 만든 재를 옥으로 된 관에 넣어서 만든 가관(葭琯)을 말한다. 계절에 따라 가관 안에 있던 재도 오르고 내리고 하여 절기의 변화를 알았다고 한다.

243 미관(美觀) : 미관은 여촉(麗矚)을 풀이한 말이다.

244 행역(行役) : 옛날 병역이나 노역, 그리고 공무 같이 외지로 가는 길에 고난을 겪는 것을 말한다.

요즈음 성남(城南)에서 쉬면서 조용히 앉아 독서를 하니 학문이 날마다 풍부해지고 식견을 확충하여 쓸모 있는 인재가 되었다고 들었습니다. 당구(堂搆)[245]의 기초를 잇고, 국가의 동량(棟樑)으로 선발되는데 부끄럽지 않으며, 다음에 '지위와 명성이 모두 현혁(顯赫)해 져서'[246] '아름다운 명예'[247]가 통창(通暢)하여, 영광스러운 교류가 많아지길 바랍니다.

나는 사원(詞垣)[248]에 봉직(奉職)하고 있으나 예전과 같이 녹록(錄錄)하고 근래에도 볼품없이 지내고 있지만 합하의 관심을 받으니 족히 위로가 됩니다. 은혜롭게 주신 여러 가지 보배로운 것을 받았지만 삼가 우황청심환 3매만 받겠습니다. 삼가 감사드립니다. 이중 접는 부채와 밀소(密疏), 그리고 연기(煙器) 3가지는 왔던 사신에게 돌려보냅니다. 우리 무리들은 도의로써 서로 교류하는 것이니 은근하게 서로 통하는 것은 본래부터 이런 것에 있지 않으니, 이 이후로는 소식은 끊어지지 않게 하되 멀리까지 '선물을 보내지'[249]는 말길 바랍니다. 추위가 가고 더위가 오고 있습니다.

---

245 당구(堂搆) : 당구는 문벌을 의미하는 문호(門戶)의 파별(派別)을 의미한다.

246 '지위와 ~ 현혁(顯赫)해 져서' : 현혁은 통현(通顯)을 풀이하였다. 통현은 지위가 높다는 고관과 위력이나 무력을 가지고 있다는 위명(威名)을 말한다. 이와 비슷한 말이 『진서(晉書)』「유식전(劉寔傳)」에도 있다. "지위와 명망이 현혁해 져도 매번 검소와 소박한 것을 숭상하고 화려한 것을 숭상하지 않았다.["及位望通顯, 每崇儉素, 不尙華麗"]

247 '아름다운 명예' : 영문(榮問)을 풀이한 말이다.

248 사원(詞垣) : 홍문관이나 예문관 등 문학하는 신하가 봉직하는 부서를 말한다. 여기서 사원은 문학하는 신하를 사신(詞臣)이라 부르는 말에서 유래한 것이다. 원(垣)은 관서(官署)를 말한다.(고전번역원 각주정보 참고)

249 '선물을 보내지' : 궤이(饋詒)를 풀이하였다.

스스로 몸을 보배롭게 잘 지키시길 바랍니다. 함께 부치는 시전(詩牋) 1갑(匣)은 살펴 받아 두시길 바랍니다.

1월 20일

석촌 수방울이 아룁니다.

## 23

# 조선 약헌(約軒) 도위(都尉) 홍현주(洪顯周)가 보낸 시(詩)인 『해거재시초(海居齋詩鈔)』에 즉제(卽題)로 차운(次韻)한 편지 1

홍현주의 자(字)는 세숙(世叔), 별자(別字)은 약헌(約軒)으로 조선 풍산(豐山) 사람이다. 주상 정조의 사위로 영명위(永明尉)에 봉해졌고, 해거(海居)는 그가 머물고 있는 집의 명칭이다. 홍씨의 부자(父子)가 모두 문장에 능한데, 홍현주는 유독 시에 뛰어나다고 소문이 났다. 나의 이름을 듣고 저술한 『해거재시초(海居齋詩鈔)』를 보내왔다. 다시 시로써 차운(次韻)하여 수창(酬唱)하였다.

| | |
|---|---|
| 동해에 어떤 재주있는 사람은 | 東海有才子 |
| 책을 좋아 하기가 가탐(賈耽)[250]과 같았다. | 嗜書如賈耽 |
| 문단(文壇)에서 자주 시를 읊고 | 騷壇富唫咏 |
| 금낭(金囊)[251]을 때때로 찾아본다. | 錦囊時時探 |

250 가탐(賈耽) : 가탐(730~805)의 자(字)는 돈시(敦詩)이고 하북성 남피(南皮) 사람이다. 당나라 때 유명한 정치가이며 지리학가(地理學家)이다. 한유가 진사로 급제를 하고도 오랫동안 벼슬이 여의치 않자 재상이었던 가탐, 조경(趙景) 등에게 글을 세 차례 올린 적이 있다.(고전번역원 각주정보 참고)

251 금낭(錦囊) : 훌륭한 시를 뜻한다. 당나라 이상은(李商隱, 813~858)의 「이장길

| | |
|---|---|
| 문필[252]이 우아(優雅)하고 스스로 아끼니. | 翰墨疋自惜 |
| 풍류(風流)[253]는 사람들을 부끄럽게 한다. | 風流使人慙 |
| 기이한 재주를 갖춘 사람 '귀족의 후예'[254] 출신이니 | 奇才出貴冑 |
| 어릴 적부터 부담(負擔)[255]에서 벗어나 있었다. | 生小弛負儋 |
| 백씨(伯氏)와 중씨(仲氏) 사이에 모여 있으면 | 濟濟伯仲閒 |
| 나뭇가지가 교차하듯 '옥 같은 삼형제'[256] | 交柯珠樹三 |
| 문명(文名)[257]은 북두성처럼 우러러보이고, | 文名斗瞻北 |
| 선비들이 지남거(指南車)[258]처럼 바라본다. | 士望車指南 |

---

소전(李長吉小傳)」에 의하면, 장길(長吉)이 여러 공(公)들과 함께 놀러 나갈 때마다 어린 종복[奚奴]이 오래되고 허름한 금낭[古破錦囊]을 등에 지고 그 뒤를 따라 다녔는데, 장길이 새로운 시를 짓고 나면 곧장 그 금낭 속으로 던져 넣었다는 고사에서 나온 말이다.(고전번역원 각주정보 참조)

252 문필 : 한묵(翰墨)을 풀이한 말이다. 한묵은 문한(文翰)과 필묵(筆墨)이라는 뜻을 가진다.

253 풍류(風流) : 세속을 초탈하여 풍아(風雅)한 것을 좋아하는 사람을 말한다.

254 '귀족의 후예' : 귀주(貴冑)를 풀이한 말이다.

255 부담(負擔) : 물질상이나 정신상으로 받고 있는 압력이나 부담하고 있는 책임을 말한다.

256 '옥 같은 삼형제' : 삼주수(三珠樹)를 풀이하였다. 삼주수는 전설 속의 진귀한 나무로 측백나무 잎과 비슷한데 모두 진주가 된다고 한다. 『산해경(山海經) · 해외남경(海外南經)』에 의하면, 당나라 때 왕거(王勮), 왕면(王勔), 왕발(王勃) 삼형제가 모두 재사(才士)로 이름이 높아 당시에 이들을 삼주수라고 일컬었다고 한다. 남의 훌륭한 아들을 가리킨다. 여기서는 홍인모의 아들 삼형제인 홍석주(1774~1842)와 홍길주(1786~1841), 홍현주(1793~1865)를 말한다.(고전번역원 각주정보 참고)

257 문명(文名) : 문장을 잘한다는 명성(名聲)을 말한다.

258 지남거(指南車) : 『사기(史記) · 오제본기(五帝本紀)』를 보면 황제(黃帝)가 치우(蚩尤)와 탁록(涿鹿)이라는 들판에서 싸울 때 치우가 큰 안개를 일으켜 병사들이 길을 잃자 황제가 지남거(指南車)를 만들어 방위를 찾아서 마침내 치우를 사로잡았다 한다. 지남(指南)은 지도(指導) 또는 지도자(指導者)를 비유하는 말

| | |
|---|---|
| (시) 한편을 멀리 나에게 보내왔는데 | 一編遠遺我 |
| 기쁘고 놀라서 먼저 열어 보았다. | 驚喜前開函 |
| 어찌 시 짓는 고충을 싫증내겠는가? | 那厭作詩苦 |
| 오히려 더하여 선비에게 감미롭게 이야기하네. | 還沾說士甘 |
| 그대와 같은 사람은 특별히 웅준(雄駿)하니 | 如君特雄駿 |
| '사람들이 의견을 말 못하고 침묵하네'[259] | 萬馬宜皆喑 |
| 늙은 이 몸이라도 채찍 잡기가 겁이 나니 | 老我怯鞭策 |
| 말을 몰고 가기가 정말 견딜 수 없어서다 | 馳驅良未堪 |

로 쓰인다.

259 '사람들이 ~ 침묵하네' : 만마제음(萬馬齊喑)을 풀이한 말이다. 만마제음(萬馬齊瘖)이라고도 한다. 사람들이 침묵하여 의견을 발표하지 못하는 것을 말한다.

24

# 김영작이 수방울에게 보내는 편지 5

정월 초하루날 보내주신 답장에 위로가 되어 감동이 교차하는 중에 '합하의 건강'[260]을 살피지 못하였습니다. 저는 아침저녁 여가에 별다른 일없이 한가하게 보내고 있다가 어머니의 내사(內舍)[261]로부터 막 돌아오다가 벽제관(碧蹏館) 앞에서 북경으로 진향(進香)[262]가는 사신들을 뜻밖에 만났습니다. 인편을 만나 안부를 여쭈어 보지 못한다는 것에 마음에 서글퍼져서 대략 몇 자를 적어 보내오니 헤아려 용서하시길 기대하며 외람되지만 답장을 보내주시어 촛불을 앞에 두고 이야기하는 것처럼 진심을 펴보여 주시기를 구구(區區)히 바랍니다. 우범(雨帆) 선생의 편지는 볼 수

260 '합하의 건강' : 진련(珍練)을 풀이하였다. 상대방이 건강하기를 바라는 진중(珍重)과 같은 말이다.

261 내사(內舍) : 내사는 묘지가 있는 방옥(房屋)을 말한다.

262 진향(進香) : 도광제의 두 번째 황후인 효신성황후(孝愼成皇后, 1789~1833)가 6월 16일 운명한다. 7월 25일 조선에서는 진향 정사(進香正使) 이지연(李止淵), 부사(副使) 박회수(朴晦壽), 서장관(書狀官) 이준호(李竣祜)가 국왕 순조에게 하직 인사를 한다.

있는지요? 이에 삼가 문안 인사를 펴 보입니다. 갖추어 쓰지 못하오니 오직 살펴 주시길 바랍니다.

1833년(癸巳) 7월 26일<br>소정 김영작 거듭 인사를 올립니다.

25

# 수방울이 조선 해원(解元) 김소정(金卲亭)에게 보내는 답장 편지 5

소정(卲亭) 해원 족하께.

7월 26일 보내준 편지를 받고, 외람되이 진심어린 관심을 받았습니다. 간절하게 느껴지는 것을 무엇에 비유하겠습니까? 근래에 합하의 기후가 안녕하시다니, 심히 좋고 좋습니다.

족하는 도에 나간 것이 날마다 깊어져 (학문과 수양의) 정수에 적절하니 우뚝하게 성취한 것이 있습니다. 저와는 서로 수천 리 길이나 떨어져 있어 아침과 저녁으로 서로 왕래하면서 함께 절차(切磋)하며 강론(講論)하여 '서로 도움이 되어 진보하는 것'[263]을 본받지 못하니 애석하게 생각합니다.

제가 2월 봄에는 한림(翰林)에서 어사대부(御史大夫)[264]로 직책

---

263 '서로 ~ 것' : 여택(麗澤)을 풀이한 말이다. 여(麗)는 연(連)과 같은 말이다. 『주역』에 나오는 말이다. 주자는 두 개의 호수가 서로 이어져 있으면 서로 자익(滋益)될 수 있듯이 붕우가 서로 절차탁마하는 것도 서로 도움이 된다는 말이라고 설명했다.

264 어사대부(御史大夫) : 관직명으로 탄핵(彈劾)과 규찰(糾察)을 하고, 도서와 호적, 그리고 비서(秘書)를 장관한다.

이 바뀌어 공사가 번잡하다 보니 지난번과 같이 학문을 할 수가 없습니다. 매번 밝은 달과 맑은 바람을 대하면, 새벽에는 호롱불을 밝히어 놓고 저녁엔 촛불을 밝히어 놓으며 족하(足下)가 덕이 높고 재주가 많아서 세속 밖으로 날아올라 산과 물에서 나는 맑은 소리를 들으며 공자와 안자의 진정한 즐거움을 추구하고 있다는 것을 생각하면서, 동쪽을 바라보고 탄식하며[265] 쓸쓸하게 마음이 아프지 않은 적이 없습니다.

우범(雨帆) 선생은 겨울 사이에 장차 봉계(奉計)[266]를 가지고 북경에 들어오는데, 그가 올 때를 기다렸다가 응당 회답을 취하여 올리겠습니다. 입동이 되어 바람이 찬데 오로지 어느 때라도 몸을 잘 보살피시길 바랍니다. 진사(進士) 정주계(鄭周谿)를 보시거든 근래 어떻게 지내는지 자주 물어봐 주십시오.

9월 24일

석촌 수방울 아룁니다.

---

265 탄식하며 : 탄식(歎息)은 개탄(慨歎)과 같은 말이다.

266 봉계(奉計) : 호구(戶口)와 부세(賦稅), 인사(人事) 같은 것을 기록한 장부를 가지고 북경으로 오는 것을 말한다.

26

# 김영작이 수방울에게 보내는 편지 6

작년 가을 벽제관 길에서 사신을 만나 서함을 보냈는데 합하에게 전달되지 못했는지 걱정이 됩니다. 종질(從姪) 김정집(金鼎集)[267]은 국왕의 명을 받고 '북경으로 갔고',[268] 저의 친구 성경재(成絅齋)도 수레의 뒤를 따라 갔는데 작년에 금률(琴律)을 물어 봤던 사람입니다.

북경에서 만나면[269] 정말 친절에 관흡(款洽)하겠지만 이 몸은

---

267 김정집(金鼎集) : 김정집(1808~1859)의 자는 구여(九如), 호는 석세(石世)다. 공조판서와 형조판서, 평안도 관찰사 등을 거쳤다. 문집에는 『석세유고(石世遺稿)』가 있다.(네이버 지식백과 참조)

268 '북경으로 갔고' : 1834년 2월 12일 진하 정사(進賀正使) 홍경모(洪敬謨), 부사(副使) 이광정(李光正), 서장관(書狀官) 김정집(金鼎集)이 순조에게 하직인사를 했고, 5월 29일 한양을 출발한다.(『조선왕조실록』 참고)

269 만나면 : 경개여구(傾蓋如舊)의 준말이다. 길가에서 서로 만나 수레 덮개를 기울이고 잠깐 이야기하는 동안에 옛 친구처럼 느껴진다는 말로, 한번 만나 보자마자 의기투합하여 지기(知己)처럼 된 것을 가리킨다. 『사기(史記)』 「노중련추양열전(魯仲連鄒陽列傳)」에서 "흰머리가 되도록 오래 사귀었어도 처음 본 사람처럼 느껴질 때가 있고, 수레 덮개를 기울이고 잠깐 이야기해도 오랜 벗처럼 느껴지는 경우가 있다. 이것은 무슨 뜻이겠는가. 바로 상대방을 알고 모르는

합하와 이야기하며 술을 마시는 자리에 갈 수가 없는 것이 안타깝습니다. 변변하지 못한 토산품으로 집지(執贄)하는 예(禮)를 드리려 했지만 결국 되돌아오니 부끄럽고 송구스러운 마음이 함께 일어납니다. 『고려명신전(高麗名臣傳)』 1질을 보내 드니오니 옛 역사를 고증(考證)하는 자료로 갖추어 두시는 것이 어떤지요? 이 책은 증송(增送)하는 것과는 다른 것이니 꼭 받아서 살펴보시길 바랍니다.

삼사(三斯) 홍양후의 부친 담헌(湛軒) 선생은 1766년[丙戌]에 북경에 들어가서 항주(杭州)사람 엄철교(嚴鐵橋), 육조음(陸莜歆), 반추루(潘秋庫)와 북경의 숙소에서 우연한 인연으로 만나 도의(道義)를 서로 힘쓰면서 수십 년간 서신을 내통했는데, 지금까지도 전해져 아름다운 이야기가 되었습니다. 삼사는 대를 이어 우호를 닦고자 우범(雨帆) 선생께 부탁하여 허우령(許澫舲) 사업(司業)[270]과 왕래하며 교류하다가 반추루(潘秋庫)의 손자 대명(帶銘)을 알게 되었으니 또한 하나의 기이한 인연입니다. 이번에 우령(澫舲)과 대명(帶銘)에게 편지를 보내오니 합하는 굽어 살피시고 이를 위하여 사람을 통해서라도 대신 전달하여 옛 인연을 잇게 하여 주십시오. 간절하게 바랍니다.

합하의 저술과 시문 중에 아직 간행하지 않은 것이 있다면 하급관리[271]에게 베끼게 하여 먼 곳까지 보내주시길 바랍니다. 소

---

차이를 말해 주는 것이다."에서 유래한 말이다. 원문은 다음과 같다. [諺曰 有白頭如新 傾蓋如故 何則 知與不知也](고전번역원 각주정보 검색)

270 사업(司業) : 청나라 때 정6품에 해당되는 벼슬이다. 부제주(副祭主)로서 국자감 일을 함께 관장(管掌)하였다.

재(小齋)에서 한가하게 있을 때 향불을 피워놓고 펼쳐서 읽으면 합하의 얼굴을 보는 듯할 것이니 천리 밖에 떨어진 곳에서 합하를 서로 그리워하는데 분명 도움이 안 된다고는 하지 못할 것입니다. 저의 자(字)는 덕수(德叟)인데 '나이가 먹을수록 덕이 높아진다.'라는 취지에서 호를 소정(卲亭)이라고 하였습니다. 우범 선생과 합하에게 교류를 알린 후로부터 제가 머물고 있는 집에 '우일석범정(又一石帆亭)'이라고 편액을 걸었는데, 우범(雨帆) 선생과 합하의 호인 석촌(石邨)에서 각각 한 글자씩 따온 것입니다. 그런데 왕어양(王漁洋)[272]선생이 살고 있는 신성리(新城里)에 있는 집에도 석범정(石帆亭)이 있기에 '우일(又一)'이라는 두 글자를 더해서 구분이 되게 하였습니다. 저를 위해서 '소정(卲亭)'과 '우일석범정(又一石帆亭)' 기문 2통(通)을 지어 돌아오는 사람 편에 보내주시는 것이 어떠하신지요? 삼가 합하의 안부를 기원하며, 모든 것을 합하가 헤아려 주시길 바랍니다.

1834년(甲午) 중춘(仲春) 12일
김영작은 거듭 인사를 올립니다.

---

271 하급관리 : 소서(小胥)를 풀이한 말이다. 소서는 관부(官府)에 있는 저급관원을 말한다.

272 왕어양(王漁洋) : 왕사정(王士禎, 1634~1711)을 말한다. 별호(別號)는 어양산인(漁洋山人)이다. 산동성 신성사람으로 청나라 때 저명한 문인이다. 왕사정의 문집인 『감구집(感舊集)』에 김상헌(金尙憲)의 시가 수록되어 있다. 김상헌이 1626년 8월 해로를 통해 북경으로 출발하면서 산동성 제남(濟南)을 지나가게 되었다. 이때 왕사정의 장인인 장만종(張萬鐘)을 통해 왕사정을 만나고 시를 주고받았다. 훗날 사신들의 일행이 청나라 문인과 필담을 하면서 왕사정과 김상헌의 고사가 자주 회자(膾炙)되었다. 1766년 북경에 왔던 홍대용은 김상헌의 방손(傍孫)인 김재행(金在行)과 함께 했다.

27

# 김영작이 수방울에게 보내는 시. 편지 7

우범선생이 후학으로 영재를 인도(引導)[273]하시니　　雨帆汲引後來英

[1826년(병술) 회시(會試) 때 석촌(石邨) 수방울은 우범(雨帆) 감독관 아래에서 배출되었다.]

담묵방(淡墨榜)[274]의 새로운 시제(試題)가 대동강에 까지 알려졌다.

淡墨新題到浿城

백호관(白虎觀)[275]에서 펴낸 책은 사서(史書)의 사례(事例)가 되었고

虎觀編書推史例

[석촌(石邨)이 전심(專心)으로 역사학을 연구하여 저술이 많았다.]

---

273 인도(引導) : 급인(汲引)을 풀이하였다. 우물 아래에서 물을 긷는다는 뜻에서 유래한 말이다.

274 담묵방(淡墨榜) : 과거 시험을 보던 시대에 예부에서 진사(進士)를 선정하여 담묵(淡墨)으로 방(榜)에 써 붙인 것에서 유래한 말이다.

275 백호관(白虎觀) : 한 나라 때 궁중에서 경학(經學)을 강론하던 곳이다.

'이(鯉)가 종종걸음으로 걷다가 예를 배우듯'[276] 가성(家聲)[277]을 이었다.
鯉庭趨禮繼家聲

고향 땅은 등왕각(滕王閣)에서 가깝다. 故鄕地近滕王閣

[석촌(石邨)은 강서성(江西省) 남창부(南昌府)의 사람이다]

한림원 사람들이 육상(陸相)[278]이라고 이름을 전했다. 內院人傳陸相名

[석촌은 한림원(翰林院) 편수(編修)로 관원이다.]

만포(蠻布)의 수(繡)가 화려하게 된 것은 「춘설(春雪)」의 시 구절에서 이루어 졌다.[279] 蠻布繡成春雪句

---

276 '이(鯉)가 ~ 배우듯' : 추정(趨庭)을 풀이한 말이다. 『논어 · 계씨(季氏)』에 공자의 아들 이(鯉)가 뜰을 지나다가 공자를 만난다. 아들이 시를 공부하지 않았다고 하자 공자가 시를 배우지 않으면 말을 할 수 없다고 말하여 시를 배우게 하였고, 다른 날 또 다시 예(禮)를 공부했냐고 묻더니 공부하지 않았다고 하자 예를 배우지 않으면 설 수 없다고 말하여 아들에게 예를 배우게 하였다.[『論語 · 季氏』: 鯉趨而過庭 曰 : '學詩乎' 對曰 : '未也' '不學詩, 無以言', 鯉退而學詩, 他日又獨立, 鯉趨而過庭, 曰 : '學禮乎?' 對曰 : '未也', '不學禮, 無以立', 鯉退而學禮."](고전번역원 각주 정보 참고.)

277 가성(家聲) : 가성은 가족에게 대대로 전해지는 명성과 훌륭한 명예를 말한다.

278 육상(陸相) : 당나라 때 육지(陸贄, 754~805)를 말한다. 정원(貞元) 8년인 792년에 있었던 과거시험에 한유(韓愈), 최군(崔群), 왕애(王涯), 풍숙(馮宿), 유승선(庾承宣) 등의 23명과 함께 과거에 합격하였다. 『신당서(新唐書) · 구양첨전(歐陽詹傳)』에는 이때 합격한 사람들을 두고 용호방(龍虎榜)이라고 불렀다고 언급하고 있다.[『新唐書 · 歐陽詹傳』: "擧進士, 與韓愈, 崔群, 王涯, 馮宿, 庾承宣聯第, 皆天下選, 時称'龍虎榜'."](고전번여원 각주정보 참고)

279 만포(蠻布) : 만포는 옛날 남방 지구에서 소수민족들이 짜던 베를 말한다. 구양수의 『육일시화(六一詩話)』에 "소식(蘇軾))이 일찍이 남쪽 오랑케가 판매하는 만포로 된 활집을 샀는데, 거기에는 매요신(梅堯臣)의 춘설(春雪)이라는 시가 직조(織組)되어 있었다. 이 시는 『성유집(聖兪集)』에 수록되었고 절창(絶唱)은 아니지만 세상에 소중하게 되었다. 1편의 시문이나 1편의 시가라도 이적(夷狄)들에게 전파되면 이역(異域)의 사람들은 이와 같이 귀중하게 여긴다"라는 내용이 있다.(고전번역원 각주정보 참고)

'홍미가 같고 생각이 일치하여'[280]의 신교(神交)로 평생을 의탁했다.

落岑神契託平生

'숭산(嵩山)과 낙수(洛水)'[281]에 봄바람이 태수의 수레에 부니

嵩洛春風太守車

그대를 의지해 만 리에 편지[282]를 보낸다. 馮君萬里遞雙魚

[우범(雨帆) 선생에게 보내는 편지는 모두 석촌(石邨) 선생을 통하여 전해 드렸다.]

'교류하여 지기(知己)'[283]로 닦길 바래며, 공손교(公孫僑)[284]와 계찰

280 '홍미가 ~ 일치하여' : 태잠(落岑)을 풀이한 말이다. 태잠은 친구와 뜻[志]을 같이하고 도(道)를 같이하는 것을 말한다.

281 '숭산(嵩山)과 낙수(洛水)' : 숭락(嵩洛)을 풀이한 말이다. 숭산과 낙수는 모두 동도(東都) 낙양(洛陽) 근처에 있다. 여기서는 북경을 말한 것으로 보인다. 명나라 때 이동양(李東陽)은 3대 명도(名都)의 하나로 꼽았다.[明 李東陽 『京都十景詩』, 序 : "盖古之稱名都者有三, 若長安之河華, 東京之嵩洛, 金陵之鐘山, 皆有所据以爲勝."](고전번역원 각주정보 참고)

282 편지 : 쌍어(雙魚)를 풀이한 말이다. 쌍리(雙鯉)라는 말과도 상통한다. 진(晉)나라 육기(陸機)의 「음마장성굴행(飮馬長城窟行)」에 "손님이 멀리서 와 나에게 잉어 두 마리 주어서 아이를 불러 삶으니 그 속에 편지가 있네.[客從遠方來, 遺我雙鯉魚, 呼兒烹鯉魚, 中有尺素書.]"라고 한 데서 유래하였다.(고전번역원 각주정보 참고)

283 '교류하여 지기(知己)' : 교호(交好)를 풀이한 말이다.

284 공손교(公孫僑) : 춘추시기 정(鄭)나라 사람이다. 자는 자산(子産)이다. 정 성공(鄭成公)과 함께 정 목공(鄭穆公)의 손자다. 정나라 대부로서 40년간 국정을 장악하며 훌륭한 정치를 펼쳤다. 공자도 그에 대해서 "자산은 많은 사람들의 어머니와 같아서 능히 백성을 먹이지만 교화를 베풀지는 못하였다.[子産猶衆人之母也, 能食之, 不能教也.]"라고 할 정도로 인애(仁愛)로써 정치를 행하였다. 이 말은 『예기(禮記) · 중니한거「仲尼燕居」』에 있다. 또한 맹자 역시 공손교가 자신의 수레를 가지고 강에서 사람들을 건네준 일에 대해 "은혜로우나 정치할 줄은 알지 못하였다.[惠而不知爲政]"라고 평하였다. 이 말은 『맹자(孟子) · 「이루하(離婁下)」』에 언급되어 있다.(고전번역원 각주정보 참고)

(季札)[285]을 추구하다. 幸修交好追僑札

문장이 유신(庾信)[286]과 서릉(徐陵)[287]에 근접했다고 허락하는 것을 부끄러워했다. 媿許文章薄庾徐

[성리학(性理學)을 공부하여 주자와 정자을 수호하고, 사장(詞章)을 공부하여 유신(庾信)과 서수휴(徐廋休)에 근접했다.「석촌이 준 시 구절에 있는 말이다.」

관문 버드나무는 멀리 중야(中野)로 가는 꿈을 이끌어 주고 關柳遠牽中野夢

역매(驛梅)[288]로 서신을 격년마다 멀리 보낸다. 驛梅長寄鬲季書

---

285 계찰(季札) : 계찰은 춘추시대 오(吳)나라 왕 수몽(壽夢)의 넷째 아들로 왕위를 전해 주려 함에도 받지 않았다. 계찰은 자산에게 호(縞)를 주고 저(紵)를 받았다. 호는 흰 명주로 만든 띠를 말하며, 저는 모시로 만든 옷을 말한다.『춘추좌씨전(春秋左氏傳)』양공(襄公) 29년 조에 "오나라 계찰이 정(鄭)나라에 사신으로 가서 자산을 보고 구면처럼 여겨서 '흰 명주로 만든 띠[縞帶]'를 그에게 선물로 주었더니, 자산은 '모시로 만든 옷[紵衣]'을 답례로 주었다." 하였다.(고전번역원 각주정보 참고)

286 유신(庾信) : 유신(513~581)의 자는 자산(子山)이다. 하남성(河南省) 신야(新野) 사람이다. 남북조 시대 문학가이며 사상가이다. 대표 작품으로는『애강남부(哀江南賦)』가 있다.

287 서릉(徐陵) : 서릉(507~583) 남조 때 저명한 시인이자 문학가이다. 유신과 서유는 궁체문학(宮體文學)의 대표작가다. 이들의 문학과 풍격을 서유체(徐庾体)라고 한다.

288 역매(驛梅) : 역(驛) 도로에 심은 매화나무이다. 서로 멀리 떨어져 있어서 소식을 전할 수 없다는 뜻을 표현할 때 쓰인다. 남북조(南北朝) 시대 송(宋)나라의 육개(陸凱)와 범엽(范曄)은 절치한 사이였다. 육개가 강남에서 매화 한 가지를 장안(長安)에 있는 범엽에게 부쳐 보내면서 시를 짓기를, "역사(驛舍)에서 심부름해주는 사람을 만나 매화를 꺾어, 농두 사는 사람에게 보내 주누나. 강남 땅엔 별다른 것이 없으매, 애오라지 한 가지의 봄을 보내네.[折花逢驛使 寄與隴頭人 江南無所有 聊寄一枝春]"라고 하였다.『태평어람(太平御覽)』, 970권.(고전번역원 각주정보참고)

강서의 시파(詩派)와 하간(河間)의 음악(樂)을 江西詩派河間樂

[석촌(石邨)은 강서(江西)사람이고 우범(雨帆)은 하간(河間) 사람이다.]

해외(海外)의 지음(知音)이 나만 있겠는가? 海外知音獨有余

우리 유학의 정통 학맥은 주자와 정자까지 거슬러 가는데

吾儒正脈溯程朱

요강(姚江) 학파의 분파는 각각 저절로 다르게 되었다. 分派姚江各自殊

수성부화(隨聲附和)[289]하여 초목에 의지할 것이 아니라 不是隨聲依草木

'유교의 도를 지켜'[290] 황폐한 곳을 개척한다고 말할 수 있다.

敢云衛道闢榛蕪

팽남균(彭南畇)[291]의 『유문법어(儒門法語)』는 마음의 선물로 받았고

南畇法語承心貺

[석촌은 팽남균(彭南畇)의 『유문법어(儒門法語)』 1권을 주었다.]

인도[292]의 선기(禪機)[293]와는 지향(志向)과 정취(情趣)가 변별된다.

西竺禪機辨志趨

[요강학파(姚江學派)의 학문은 선학으로 흘러 들어갔다.]

---

289 수성부화(隨聲附和) : 자기의 주관이 없어 다른 사람이 무엇이라고 말하면 따라서 무엇라고 말하는 것을 말한다.

290 '유교의 ~ 지켜' : 위도(衛道)를 풀이한 말이다. 위도는 유가의 도통을 위호(衛護)하는 것을 말한다. 송나라 이학가(理學家)들은 유가 학술 사상을 수수(授受)하는 계통을 도통(道統)이라고 하였다.

291 팽남균(彭南畇) : 팽남균(1645~1719)의 이름은 정구(定求)다. 강남(江南) 장주(長洲) 사람으로 강희 15년에 진사가 되었다. 학문은 불기(不欺)를 근본으로 하고, 천행(踐行)을 요체로 하였다.

292 인도 : 서축(西竺)을 풀이한 말이다. 서축은 서천축국(西天竺國)이다.

293 선기(禪機) : 불교 선종(禪宗)에서 화상(和尙)이 선(禪)을 설법할 때 요지를 함유하고 있는 비결의 언사(言辭)나 동작, 사물 같은 것으로 교의를 암시하여 문뜩 깨닫게 하는 것을 의미한다.

들어보니, 양지(良知)는 미발(未發)이라고 하는데 聞說良知同未發

허공간(許恭簡)이 남긴 가르침 정말 그럴 듯하다. 許公遺訓信然乎

[석촌의 서신 중에는 허공간(許恭簡) 공(公)의 말을 인용하였는데, 문성(文成)[294]의 주된 사상은 성인의 후학들과 다르지 않아 성(性)은 선(善)하지 않은 것이 없고, 지(知)는 '진실되지 않은 것[良]'이 없다. 양지(良知)는 미발(未發)한 가운데이다.]

만리 떨어진 북경에 조카[295]를 보내면서 萬里皇華送阿咸

[석세 족하 김정집(金鼎集)이 사신을 따라 북경에 왔다.]

도성의 문에서 이별의 술로 봄날 적삼에 눈물을 흘렸다. 都門餞酒濺春衫

중호(中湖)[296]와 기암(起巖)[297]은 다 시(詩)에 같은 꿈을 가지고 있다. 湖巖神契皆詩夢

[나는 중호(中湖)와 경재(絅齋),[298] 기암(起巖)과 침중(寢中)에 대련(對聯)으로 구절을 지었다. 지금 경재(絅齋)가 사신의 수레를 따라 북경에 갔다.]

'큰 바다와 높은 산'[299]의 기이한 유람을 했고, 사신으로 함명(銜命)을 한다. 海嶽奇游又使銜

[1832년[壬辰] 가을 나는 석세(石世) 조카와 산과 바다의 명승지를 유람하였다.]

---

294 문성(文成) : 문성은 왕수인(王守仁, 1472~1529)을 말한다.(고전번역원 각주정보 검색 참고)

295 조카 : 아함(阿咸)을 풀이한 말이다. 아함은 재명(才名)이 있었다. 삼국시대 위(魏)나라 완적(阮籍)의 조카 완함을 아함이라고 부르자 이로 인하여 남의 조카를 부르게 되었다.(고전번역원 각주정보 검색 참고)

296 중호(中湖) : 중호는 소원(篠園) 성원호(成元鎬)의 호이다.

297 기암(起巖) : 영은(潁隱) 김교완(金敎完)의 호이다.

298 경재(絅齋) : 경재는 성재시(成載詩, 1804~1843)의 호이다. 본관은 창령(昌寧)이고 자는 우서(友書)이다.

299 '큰 바다와 높은 산' : 해악(海嶽)을 풀이한 말이다.

고려[勝國]의 명신(名臣)으로써 역사서를 편찬하였다. 勝國名臣編史策

[나는 석촌(石邨)에게 『고려명신전(高麗名臣傳)』 1질을 주었다.]

조선과 중국의 학사(學士)가 서신을 주고받았다. 中朝學士遞書函

자문헌(紫雯軒)[300]에서 글을 논하는 날은 紫雯軒裏論文日

석범(石帆)과 우정을 교류를 잘 보여주는 것이다. 好把交情證石帆

[나는 석촌(石邨) 우범(雨帆)과 교류하는 것을 증험하기 위하여 머무는 곳을 석범정(石帆亭)이라고 편액을 달았다.]

도광(道光) 1834년[甲午] 중춘(仲春) 소정

김영작 인사를 드리며 보냅니다.

300 자문헌(紫雯軒) : 1862년 수방울은 『자문헌경의고(紫雯軒經義稿)』 1권을 각본(刻本)으로 출간하였다.

28

# 조선 해원 김소정에게 보내는 답장 6

1834년(甲午)

소정 해원 족하께

성경재가 와서 2월 12일에 보낸 편지를 받았습니다. 외람되이 새로운 시와 『고려명신전(高麗名臣傳)』 1질을 함께 받으니 선물이 매우 두텁습니다. 삼가 감사드립니다. 날마다 기거가 맑고 나아지기를 문안드리며, 오직 스스로 잘 보살피시어 옛 친구의 그리움을 위로하여 주시길 바랍니다. 저는 작년 봄에 현 관직에서 간관(諫官)으로 승진하여 업무가 조금 번잡해졌습니다. 보내주신 시편에 부끄럽게도 화답하지 못하고, 부탁을 받들어, 지어놓은 문자에서 찾아보니 금낭(錦囊)에 지어놓은 글이 조금 있으나 스스로 생각해 보아도 천박하고 누추하니 이에 감히 재인(梓人)에게 맡길 수 없습니다. 다른 날 응당 몇 통의 글을 적어 아름다운 뜻을 받들어 응답하겠습니다.

부탁하신 「석범정기(石帆亭記)」는 이미 지어 완성했으므로 삼가 보내드립니다. 진실로 스스로 생각해보아도 문채가 졸박(拙樸)하여 족하가 중하게 여길 것이 못됩니다. 그러나 우정이 깊은 친구의 정성어린 간절한 뜻을 저버릴 수가 없기 때문에 힘써 지어 거듭 사양하지 않았습니다. 족하는 이 마음만 취하시고 문장은 가볍게 생각하시지요. 이렇게 한다면 좋겠습니다.

우범(雨帆) 선생에게 보내온 편지는 이미 보냈습니다. 작년 11월에 우범 선생이 '천거를 받고서'[301] 북경에 들어왔는데, 제가 소정으로부터 여러 차례 편지가 왔다고 말했습니다. 선생은 1통의 답장 서신도 없지만 응당 소정에게 답신이 있을 것입니다. 우범 선생이 말하기를, "연말이 와서 '관부의 문서'[302] 때문에 몸이 피곤하고 공사(公事)에 여유가 없어 소정의 편지에 한번 답장을 못한 것은 실로 염치없다고 생각하니 이번에 백 여자 쯤 되는 글을 지어 조선 사신이 왔다 가기를 기다렸다가 소정에게 부치려 한다."고 합니다. 그런데 우범 선생이 이런 말씀은 하셨지만 북경에 머무르시는 것이 10일 정도로 얼마 되지 않고 바쁘게 고을[郡]로 돌아가서 결국 글을 지을 수가 없었습니다.

홍삼사(洪三斯)가 보낸 편지와 함께 아울러 허우령(許藕舲)과 반대명(潘帶銘) 선생께 보내는 편지도 함께 도착하였습니다. 허우령 선생의 상은 아직 끝나지 않았으니 인편이 구해지기를 기다렸다가 붙여 보낼 것이니 허용해 주시길 바랍니다. 삼사가 생각하는 것을 보면 내가 거절한다고 의심하는 것 같습니다. 전에 삼사가 우령(藕舲)에게 보낸 편지는 내가 전달하였으나 마침 우령이 친상으로 이미 떠나기 때문에 결국 원함(原緘)을 돌려보내 것이지 내

301 '천거를 받고서' : 응천(膺薦)을 풀이한 말이다.

302 '관부의 문서' : 안독(案牘)을 풀이한 말이다.

가 일부러 꺼린 것은 아닙니다. 지난해 삼사는 편지를 우범 선생에게 보내면서, 그가 나에게 보낸 편지에 '편지가 제대로 전달되지 않았다'[303]라고 운운하였으며, 이번 편지에도 다시 이를 말하고 있습니다.

들어보니, 중국과 조선의 사대부는 외교(外交)하는 것을 꺼린다고 했지만, 동국은 복사(服事)[304]하는 정성이 중국의 내지(內地)와 다름이 없으니 도외시하는 것은 부당합니다. 이것은 또한 미루어 추측하여 보아도 도를 넘어 섰으니 사실 정황은 이렇지 않습니다. 청조에 와서 중국과 변방이 일가(一家)로 조선은 대대로 동방의 번국(蕃國)을 고수하여 조공도 끊이질 않았습니다. 사신이 북경에 머물면서 중국의 사대부와 접견할 수 있고, 하물며 편지가 오고가는데 무슨 혐의가 있겠습니까? 또한 나는 족하와 함께 몇 번의 편지를 주고받은 터라 감정에 틈이 없고, 내가 족하를 거절한 적도 없거늘 어떻게 삼사만 거절하겠습니까? 나는 재주가 없고 성격이 책 읽기를 좋아하지만 '세속의 인정과 습관'[305]에 소홀

---

303 '편지가 ~ 않았다' : 홍교(洪喬)를 풀이한 말이다. 홍교는 다른 사람의 편지를 제대로 전하지 않는 것을 말한다. 진(晉)나라 은선(殷羨)이 예장군(豫章郡)의 태수(太守)로 있다가 임기를 마치고 떠날 즈음에 사람들이 100여 통의 편지를 주면서 경성에 전달해 줄 것을 청하였는데, 석두(石頭)까지 와서 모조리 물속에 던져 놓고는 "가라앉을 놈은 가라앉고 떠오를 놈은 떠올라라. 내가 우편배달부 노릇을 할 수는 없다.[沈者自沈, 浮者自浮, 殷洪喬不能作致書郵.]"라고 말했다는 고사가 전한다. 홍교는 은선의 자(字)이다. 『세설신어 임탄(世說新語 任誕)』(고전번역원 각주정보 참고)

304 복사(服事) : 오복(五服) 안에 봉해진 제후는 정기적으로 조공을 하여 각각의 복수(服數)에 따라 천자를 섬긴다.

305 '세속의 인정과 습관 : 세고(世故)를 풀이한 말이다. 사람을 대하거나 일처리에

하기 때문에 스스로 생각해보아도 크게 잘한 것이 없습니다. 그러나 평생 명의(名義)를 세우고 말한 것을 잊지 않으며 사람과 교류를 함이 한결같았습니다. 나를 위해 삼사에게 사과한다고 말씀해 주세요. 만약 나를 친구로 생각한다면 성신(誠信)으로 교류하고, 만약 나를 친구로 생각하지 않고 단지 의지해서 편지를 붙이고 전달하는 심부름꾼으로 생각한다면 지금부터라도 사양하고 싶으니, 서로 다시 소식을 통할 필요는 없습니다. 삼가 고루한 것을 소략하게 펴보였습니다. 살펴 헤아리시길 바랍니다.

4월 18일

석촌 수방울이 아룁니다.

---

주도면밀하여 원만하게 처리하는 것을 말한다.

29

# 조선 해원 김소정에게 보내는 『우일석범정기(又一石帆亭記)』. 편지 7

조선은 한나라, 진(晉) 나라 이후로 항상 중국과 소통하여 왔습니다. 전사(前史)에 "동이(東夷)는 천성이 유순하여 중국의 삼방(三方)[306] 지역과 다르며 군자가 있어서 영원한 나라"라고 합니다. 조선은 옛날 기자(箕子)[307]를 봉한 곳으로 어질고 현명한 사람의 교화가 존재했다. 주나라 초기 기자(箕子)가 조선으로 가서 그곳 사람들에게 예의를 가르치고, 농사와 누에치며 방직을 하게 하였습니다. 이곳 풍속은 서로 도둑질을 하지 않아 바깥문을 잠그는 일이 없으며, 부인들이 정절이 있고 믿음이 있어 음벽(婬辟)이 없

306 삼방(三方) : 삼방은 북쪽과 서쪽, 남쪽에 있는 나라를 말한다. 『한서(漢書)』, 28권, 하편에 있는 「지리지(地理志)」에서는, "동이는 천성이 유순하여, 삼방의 너머와 다르다. 이 때문에 공자는 도가 행해지지 않는 것을 슬퍼하고, 바다에 배를 띄워 구이(九夷)의 땅에서 살고 싶다고 했으니, 그 까닭이 있었을 것이다.[東夷天性柔順 異於三方之外 故孔子悼道不行 設桴於海 欲居九夷 有以也夫]"라는 말에서 유래하였다.(고전번역원 각주정보 참고)

307 기자(箕子) : 중국 상나라 문정(文丁)의 아들이자 기자조선의 시조로 전설상의 인물이다.(『위키백과』 참조)

으며, 변두(籩豆)[308]로 먹고 마십니다. 그 풍속은 점점 쇠미해졌지만 인물이 수려하고 선비들이 경사를 충분히 습독하니 자주 굉달(宏達)하고 아속(雅俗)에 젖어 있으며, 초월하여, 기이하게 뛰어난 재주꾼이 있었습니다. 조선과 중국이 한가족처럼 성교(聲敎)[309]가 사방에 이릅니다. 옥문(玉門)[310]과 양관(陽關)[311]의 서쪽 이만 여리가 모두 판도(版圖)에 들어 왔습니다.

조선은 대대로 동쪽의 번국을 지켜왔으며 숭덕(崇德)[312] 때 감은(感恩)하여 귀순하고부터 오랫동안 충성을 보이고 조공이 끊이지 않았다. 역사는 기록이 끊어지지 않았으니 비록 청나라 밖에 있는 번국이지만 청나라 조정에서는 청나라 안에 있는 군현(郡縣)

---

308 변두(籩豆) : 변두는 옛날에 제사나 연회에 사용하던 두 종류의 예기(禮器)로서 변은 대를 엮어 만들고 두는 나무를 깎아 만들었다. 『시경』 「상체(常棣)」에 "네 변두를 진열해 놓고, 술 마시기를 실컷 하더라도, 형제가 이미 모두 있어야, 화락하고 또 화목할 수 있네.[儐爾籩豆, 飮酒之飫, 兄弟旣具, 和樂且孺.]"라고 한 말이 있다.(고전번역원 각주정보 참고)

309 성교(聲教) : 제왕이 백성을 교화하는 교육.

310 옥문(玉門) : 옥문은 중국 감숙성(甘肅省) 돈황(敦煌)에 있는 옥문관(玉門關)을 말한다. 옥문관은 중국과 서역(西域)의 경계 지역에 있는 관문으로, 흔히 변경으로 가는 관문을 뜻하는 말로 쓰인다.(고전번역원 각주정보 참고)

311 양관(陽關) : 양관은 감숙성(甘肅省) 돈황시(敦煌市) 서남에 있는 옛 동탄(董灘) 부근의 지명이다. 옥문관(玉門關) 남쪽에 있어서 양관이라고 부른다. 옥문관과 함께 서역(西域)으로 가는 교통의 요지였다. 당나라 왕유(王維)의 「송원이사안서(送元二使安西)」 시에 "위성(渭城)에 아침 비가 가벼운 먼지를 적시고, 객사는 푸릇푸릇한 버들에는 봄이 왔고. 그대에게 권하니 다시 한잔 술을 드시구려. 서쪽으로 양관을 나서면 벗도 없으리라.[渭城朝雨浥輕塵, 客舍靑靑楊柳春. 勸君更盡一杯酒, 西出陽關無故人.]"라고 했다.(고전번역원 각주정보 참고)

312 숭덕(崇德) : 숭덕은 청나라 태종의 연호다

과 같이 보았습니다. 조선의 배석한 신하가 사신으로 명을 받아 조현(朝見)할 때는 반열이 다른 나라 사신에 비하여 높았고, 북경에 별도로 저(邸)를 두고 청나라 사대부와 접견하였습니다. 예(禮)가 청나라 밖에 있는 민족과 달랐다.

김씨는 조선의 세가(世家)이다. 소정은 뛰어난 재주를 가지고 있고, 학문을 좋아하며, 문장을 잘 지었다. 자신은 북경에 온 적은 없지만 1826년(丙戌)에 그의 친구 홍삼사가 북경에 왔었다. 소정은 삼사가 (북경으로) 떠날 때 시를 지어 주었는데, 나의 스승 이우범 선생이 이것을 보고 소정의 재주를 극진하게 칭찬하였고, 또 이 시에 화답하니, 소정은 이 선생이 알아주는 것에 감사하여 이에 납교(納交)를 원하였다.

삼사가 조선으로 가면서 나의 전시(殿試) 권자(卷子)[313]를 얻어 갔다. 소정이 이것을 보고 흠모하더니 편지를 보내 여러 말로 물으면서 교류의 말석(末席)을 자처했다. 이때부터 해마다 조선사신이 북경에 오면 언제나 사신 편에 안부를 묻는 편지를 해마나 변함없이 보내왔다. 소정은 우리 두 사람이 이미 알고 나서 서로 만날 수 없다는 것을 애석하게 생각하고는 이에 세 사람의 별호(別號)에서 각각 한 글자를 취해서 「석범정(石帆亭)」이라고 현판을 달고, 아침저녁으로 그 안에서 읊으면서 그리워하는 생각을 의탁하려고 했다. 신성(新城) 왕문간(王文簡)[314]이 사는 집에는 옛

313 권자(卷子) : 과거시험 때 제출한 답안 시권(試券)을 말한다.

314 왕문간(王文簡) : 왕사정(王士禛, 1634~1711)을 말한다. 죽은 뒤에 공덕을 칭송

날부터 석범정이 있기 때문에 이름을 따라하는 것을 피하기 위하여 석범정에 글자를 더해 「우일석범정(又一石帆亭)」이라고 하였다. 이것을 보면 그의 의도가 진실하다고 할 수 있다.

소정과 우리 두 사람은 도의(道義)로 문장을 서로 절차(切磋)하여 바로 잡으니 본 적은 없어도 옛날부터 서로 알고 있는 것처럼 반갑다. 지금까지 서너 통의 편지로 심후(深厚)한 감정을 주고받았지만 끝내 한 번도 만나지 못하였다. '한비자(韓非子)에 장민(張敏)과 고혜(高惠)가 친구였는데 서로 그리워하다가 만나 볼 수 없자 문뜩 꿈속에서 찾아 나섰다가 길을 반도 못 가서 혼미해져 길을 알 수 없었다.'[315] 심휴문(沈休文)은 시에서 "꿈속에 길을 알 지 못하여"[316]라고 하였지만 어떻게 서로 그리워하는 사람을 위로할

---

하여 부른 시호(諡號)는 문간(文間)이다.

315 '한비자(韓非子)에 ~ 없었다.' : 두보의 시 「몽이백(夢李白)」에 "아마도 평상시의 혼(魂)이 아닌 듯하여 길이 멀어 헤아릴 수 없네.[恐非平生魂, 路遠不可測]" 라고 하였는데 그 주에 "『한비자(韓非子)』에 이르기를 '육국(六國) 때 장민(張敏)과 고혜(高惠) 두 사람이 벗이 되어 매양 서로 그리워하였으나 만날 수 없었다. 이에 장민이 꿈속에 찾아갔으나 길이 너무 멀어 중도에 헤매다가 그만 돌아오고 말았다.' 하였다."라고 하였다. 『고문전보(古文眞寶)』, 전집(前集) 3권, 「몽이백 주(夢李白 註)」(고전번역원 각주 정보 참고)

316 "꿈속에 ~ 못하여" : 남조 양(梁)나라 심약(沈約, 441~513)의 자는 휴문(休門)이다. 이 내용은 「범안성과 이별하다[別范安成]」에 나오는 구절이다. "우리네 인생살이 젊을 적에는, 헤어져도 만날 기약하기 쉽더니. 그대와 함께 늙는 지금 이 시절, 다시 헤어질 때가 아니면 한잔 술이라고 말하지 마소, 내일 다시 이 술잔 잡기 어렵네. 꿈속에 찾아갈 길 알지 못하니, 무슨 수로 그리움을 달래보리오.[生平少年日, 分手易前期. 及爾同衰暮, 非復別離時. 勿言一尊酒, 明日難重持. 夢中不識路, 何以慰相思.]"라고 하였다. 출전은 『문선(文選)』, 20권, 「별범안성시(別范安成詩)」.(고전번역원 각주 정보 참고)

수 있겠습니까? 그러나 장민(張敏)과 고혜(高惠)는 '무리에서 떨어져 흩어져 살다가'[317] 그리워 한 것이므로 우리 세 사람이 처음부터 지금까지 한 번도 보지 못한 것과 비교할 수 없습니다. 당연히 소정이 항상 그리워하면서 다 말하지 못하는 것은 일상적으로 '이별했다가 만나는 정'[318]보다 심한 것이 당연합니다. 그러나 양웅(楊雄)[319]이 말하지 않았습니까? "붕(朋)으로서 마음으로 사귀지 못하면 얼굴로만 사귀는 친구요, 우(友)로서 마음으로 사귀지 못하면 얼굴로만 사귀는 친구이다."라고. 붕우가 사귀는 도는 마음으로 서로 아는데 있을 뿐입니다. 마음이 부합하지 못하면 얼굴을 대하고 있어도 마음은 멀어지는 것이니, 하루 종일 만나서 같은 집에서 이야기하더라도 만 리만 떨어져 있는 것이 아닙니다. 마음이 정말 막역(莫逆)하다면 뜻이 같고 도가 합쳐져 비록 종신토록 만 리나 떨어져 있어도 같은 집에 만 있는 게 아닙니다.

소정과 나 두 사람은 마음으로 사귈 것인가요? 아니면 얼굴로만 친할 것인가요? 소정은 마땅히 스스로 선택할 수 있을 것입니다. 또 친구를 사귀는데 소중한 것은 어찌 술 마시며 이야기하고,

---

317 '무리에서 떨어져 흩어져 살다가' : 이색(離索)을 풀이한 말이다. 이(離)는 친구와 떨어져 사는 것이고, 색(索)은 흩어지는 것이다. 『예기(禮記) · 단궁(檀弓)』, 상권(上卷)에 언급된 말이다.[『禮記 · 檀弓上』: "吾離群而索居, 亦已久矣." 鄭玄注 : "群, 謂同門朋友也, 索, 猶散也."]

318 '이별했다가 만나는 정' : 계활(契闊)을 풀이한 말이다. 계활은 오랫동안 이별했다가 다시 만나는 것을 말하기도 한다.

319 양웅(楊雄) : 양웅(公元前53~公元18)은 사천성(四川省) 성도(成都) 사람이다. 자는 자운(子雲)이고 한나라 때 부(賦)의 대가이다.

유희(遊戲)를 추구하고, 큰 소리로 과분하게 투합(投合)하는 교제에 그칠 뿐이겠습니까? 진실로 도의(道義)로 문장을 갈고 다듬어 그 학문을 완성해야 합니다.

무릇 사람이 배우는 것은 하늘에게서 얻는 것이 반이고, 사람에게서 얻는 것이 또한 반입니다. 사람에게서 배우는 것에는 고인(古人)에게서 얻는 것이 반이고, 지금 사람에게서 얻는 것이 반입니다. 소정과 우리 두 사람[320]이 석범정 안에서 편안하게 앉아 그 사람을 본 듯이 그 사람의 글을 읽으면서, 이런 의도를 추진하여 구한다면 고인(古人)이 모두 나의 친구입니다. 어떻게 만 리나 떨어진 곳만 거리가 없을 뿐이겠습니까? 천년 이상도 모두 한 집에 있는 것과 같을 뿐입니다. 소정은 성현의 책을 읽고서, 그 알지 못한 것을 더욱 확장하고, 이미 알고 있는 것을 실천하며, 실사구시(實事求是)[321]를 몸소 체험하면서 힘써 나아가 홀로 있을 때 속이지 않고, '오래된 약속'[322]을 잊지 않으면서, 이 석범정(石帆亭)에 머무른다면 항상 우리 두 사람이 여기에 있는 것처럼 보일 것입니다. 이것이 바로 우리 두 사람이 소정에게 바라는 것입니다. 문장을 논하여 홀로 존중을 받을 것을 기다리지 말고, 개경

---

320 우리 두사람 : 수방울과 이균(李鈞).

321 수방울과 김영작 사이에 실사구시(實事求是)를 체득하기를 강조한다.

322 '오래된 약속' : 불망구요(不忘久要)를 풀이한 말이다. 이 말은 『논어 · 헌문(憲問)』편에 나오는 말이다. 여기에서, "이(利)를 보고 의(義)를 생각하며, 위태한 것을 보고 목숨을 바치며, 오랜 약속을 잊지 아니하는 사람이야말로 완전한 인간될 수 있다.[見利思義, 見危授命, 久要不忘平生之言, 亦可以爲成人矣.]"라는 말이 있다.(고전번역원 각주정보 참고)

(開徑)[323]을 하여 삼익(三益)[324]을 바랄 뿐이다. 소정은 힘써야겠습니다. 이에 기문을 씁니다.

323 개경(開徑) : 전한(前漢) 때 장후(蔣詡)가 두릉(杜陵)에 은거하며 살았다. 집 안에 삼경(三徑) 즉, 세 가닥 길을 만들어 놓고 당시 고사(高士)였던 양중(羊仲)과 구중(求仲), 두 사람하고만 어울렸다 한다.『문선(文選) · 전남수원격류식원(田南樹園激流植援)』, 이선 주(李善 注)(고전번역원 각주정보 검색 참고)

324 삼익(三益) : 『논어 · 계씨(季氏)』에서, "유익한 것이 세 종류의 벗이고 손해되는 것이 세 종류의 벗이다. 정직한 벗, 성실한 벗, 견문이 많은 벗은 유익하고, 한 가지에만 익숙한 벗, 아첨을 잘하는 벗, 말을 잘하는 벗은 손해된다.[益者三友, 損者三友, 友直, 友諒, 友多聞, 益矣, 友便辟, 友善柔, 友便佞, 損矣.]"라고 하였다. 개경(開徑)과 삼익(三益)과 관련하여 도연명(陶淵明)은 「전거(田居)」라는 시에서, "평소 마음 정히 이와 같나니, 삼경을 열어 삼익우(三益友)를 맞으리. [素心正如此 開徑望益友]" 하였다.(고전번역원 각주정보 검색 참고)

30

# 홍양후가 수방울에게 보내는 편지 3

지난 번 한통의 편지와 거듭 보내주신 답장을 외람되게 받고 보니 부끄럽고 감사한 마음이 더해집니다. 요사이 문지(文祉)[325]가 순탄하기를 바랄 뿐입니다. 공무에 틈이 날 때 읊조린 것이나 저술한 것이 책이 되면 한두 권을 보내주시어 저의 몽매한 것을 깨우쳐주시고, 세속의 때를 씻어 주시길 바랍니다. 행여 잘못된 것이라며 생각하시고 감추어 두지 마시기를 바랍니다.

태산과 북두칠성처럼 우러러 보고 사모했던 세월이 많이 쌓였습니다. 관문과 물에 막혀 한 번 만나 뵙지도 못했지만 책[黃券]에서 옛 사람과 벗을 한 것 같습니다. 매번 김영작과 말하면 서글퍼집니다.

허우령 선생과 반대명(潘帶銘) 선생께 보내는 편지 두 통은 다시 전해 주시길 바랍니다. 반대명은 바로 옛 한림원편수 반추루 선생의 손자입니다. 일찍 선대부터 우호가 있어 옛 정의(情誼)를

325 문지(文祉) : 학술이나 문화에 관련된 일을 하는 것을 말한다.

잇고자 하였지만 연고가 없다가 허우령 선생을 통하여 소식을 알게 되었습니다. 작년에 편지를 한 번 받았지만 감사의 편지를 전달할 방법이 없었습니다. 저를 위해서라도 전달하여 주시길 바랍니다. 혹시 허우령 선생께 함께 보내어 전해주는 것도 좋습니다.

들어보니, 북경에 있는 이름 난 학자들은 다들 외국 사람과 교류하는 것을 꺼리고, 혁제(赫蹏)[326]가 오고가는 것을 말하지 않는다고 합니다. 자못 포용하지 않고 도외시 하는 의도가 없는지요? 지금은 태평성세로 사해가 한 집안 같고 우리 조선은 섬기는 정성이 청조와 조금도 차이가 없으니 응당 조선과 청나라에 꺼리는 게 없을 것 같습니다. 한 가닥 압록강이 있어 결국 도외시되어 기꺼이 한번 돌아봐 주시질 않으니 선생께서는 어찌 그렇게 하실 수 있습니까? 외람되게 후하게 돌보아 주심을 믿고 감히 편지를 전해달라고 번거롭게 하지만 전번처럼 돌려 보내오지 말길 부탁드립니다.

1834년(甲午) 음력 2월 15일

홍양후 머리 숙여 인사합니다.

---

326 혁제(赫蹏) : 고대에 편지를 쓰던 좁은 폭의 비단이나 종이를 가리킨다.

31

# 조선 삼사 홍양후에게 보내는 답장 3

홍양후 족하께.

홍군 족하가 멀리서 수고롭게 은혜로운 편지를 베풀어 주셨습니다. 정의(情義)가 심후하여 선물까지 보내주셨으니 어떻게 이보다 더할 수 있겠습니까? 나는 소정을 통해서 족하를 알았고, 과분하게 져버리지 않아 붕우의 감정을 위탁(委託)받았지만, 족하의 생각은 나를 믿지 못하여 이에 내가 의심을 받는 것 같습니다. 지난번 족하가 편지를 우범 선생[夫子]에게 보낼 때 나에게 전해주라고 하면서 나에게 편지로 홍교(洪喬) 고사를 들먹이는 것은 족하가 어째서 의심을 잘하는 지 스스로 괴이하게 생각합니다.

작년에 우령 선생에게 편지를 보냈지만, 마침 우령 선생이 거상(居喪) 때문에 떠나갔기 때문에 원래 편지를 돌려보냈습니다. 그런데 족하는 마침내 내가 의도적으로 거절하였다고 의심하고 있습니다.

이번에 온 편지에서도,

"들어보니, 중국 조정의 사대부는 자못 외교(外交)를 꺼리고 있다고 하면서 조선의 복사(服事)하는 정성이 청나라 안과 밖이 다름이 없으니 응당 다른 나라와 같이 보아서는 안 될 것입니다."라고 말하고 있습니다.

이는 또한 현격하게 추측하는 것이 도를 넘어서는 것으로 '쟁반을 두드리고 촛불을 만지면서 이야기하는 것'[327]과 같습니다. 청나라는 조정의 안과 밖이 한 집안입니다. 조선은 대대로 동방(東方)의 번국을 지켜왔으며 공순(恭順)하다고 하여 사신이 도성에 이르면 중국의 사대부와 만나고 있습니다. 하물며 편지를 왕래하는 것에 무슨 혐의가 있겠습니까? 또한 나는 소정과 함께 서너 통의 편지로 학술을 이야기하고 문장을 논하여 소식이 끊어지지 않고 있는데, 하물며 유독 족하를 거절하려고 하겠습니까? 족하가 걱정하는 것은 지나친 것이 아닙니까? 성인이 친구는 믿는 것이라고 말하지 않았습니까? 족하는 나를 친구로 생각하지 않으면 그만이겠지만, 나를 친구라고 생각한다면 응당 성실한 믿음으로 서로 허락하고, 마음을 감추고 속이는 마음을 품어서는 안되겠습니다.

더위 중에 스스로 거듭 아끼기를 바랍니다.

1834년(도광 14) 음력 4월 18일

수방울 아룁니다.

---

327 '쟁반 ~ 것' : 소식(蘇軾)의 글, 일유(日喩)에 비슷한 표현이 있다. '구반문축(扣槃捫燭)'은 식견이 부족해서 사물의 실상 파악을 오해한다는 말이다. 태어나면서부터 장님이었던 사람이 다른 사람에게 해가 어떤 것이냐고 물어보자, 그 사람이 해의 모양은 쟁반 같고 밝기는 촛불 같다고 대답하였다. 그러자 장님은 쟁반을 두드려 소리를 들어 보고서는 그 다음부터 종소리를 듣고서도 해라고 생각하였으며, 촛대를 잡아 보고 그 생김새를 감지하고서는 그 다음부터 피리를 만져 보고서도 해라고 생각하였다.(고전번역원 각주정보검색 참고)

## 32

# 조선 경재(絅齋) 성재시가 수방울에게 보내는 편지 1

며칠 전에 찾아가 만나고 나서 그리움[328]이 조금은 해소되었습니다. 삼가 합하도 보중(保重)하고 운수가 좋아지기를 축송(祝頌)합니다. 사모하는 마음이 산처럼 쌓입니다. 북경에 들어온 후 아침저녁으로 만나 이야기를 나누면서 이전에 갈망했던 마음을 펼쳐 보이려 했습니다. 마침 선생께서 '공무로 바쁘시기'[329] 때문에 선생의 집까지 갈 시간을 얻지 못했습니다. 절실한 마음이 마치

328 그리움 : 조기(朝飢)를 풀이한 말이다. 이 말은 『시경 · 주남(周南) · 여분(汝墳)』에 있는 "역여조기(惄如調飢)"라는 구절에 나오는 말이다. 녁(惄)은 그리워한다[思]는 말이고, 조(調)는 아침[朝]이라는 말이다. "역여조기"의 뜻은 군자를 보지 못하여 그리워하는 것이 아침을 굶주릴 때 아침을 기다리듯 한다는 말이다.

329 '공무로 바쁘시기' : 앙장(鞅掌)을 풀이한 말이다. 앙(鞅)은 말머리에 가죽으로 된 기구이고, 장(掌)은 말발바닥에 붙인 쇠를 말한다. 직무와 관련된 일로 번잡하고 바쁜 것을 말한다. 『시경 · 소아(小雅) ·  북산(北山)』에 "어떤 사람은 부르짖으며 호소할 줄 모르고, 어떤 사람은 참혹하게 고생을 하고, 어떤 사람은 집에서 게으름피우며 누었다 일어났다 하고, 어떤 사람은 공무로 말을 타고 바쁘게 다닌다.[或不知叫號 或慘慘劬勞 或棲遲偃仰 或王事鞅掌]" 라고 주(周)나라 때 정역(征役)에 나갔던 사람이 한 말에서 유래한다. (고전번역원 각주 참조)

무언가 잃은 것 같았습니다. 지금 돌아가기로 기약된 시간이 점점 촉박해지고 있습니다. 한 번 만나 뵙고 마음에 쌓인 것을 펴 보이지 않을 수 없습니다. 또한 정사 관암(冠巖) 선생도 합하에게 오랫동안 '식형(識荊)의 소원'[330]을 가지고 있었습니다. 별도의 날짜를 정해서 고시(告示)해 주시면 함께 합하의 집으로 가기를 희망합니다. 먼저 이것을 가지고 여쭈오니 거두어 살펴보시기 바랍니다.

1834년 4월 20일
성재시(成載詩) 아룁니다.

---

330 '식형(識荊)의 소원' : 이백(李白)이 형주(荊州)에 있는 한조종(韓朝宗)에게 쓴 편지인 『여한형주서(與韓荊州書)』에 있는 말이다. 세상 사람들은 한조종에게 주공의 덕과 풍모가 있어 흠모했다고 한다. 이백은 이 편지에, "살아서 만호(萬戶)나 되는 고을에 임명되기보다 형주의 한조종(韓朝宗)이 한번 알기를 원한다.(生不用封萬戶侯, 但愿一識韓荊州)"라는 말을 했다. 이백은 이 편지에 자신의 문장도 장식(裝飾)해달라고 부탁한다. 식형은 자기를 낮추어 선비를 맞이한 뜻을 가진다.

33

# 수방울이 조선 경재(絅齋) 성재시(成載詩)에게 보내는 편지 1

소정(卲亭)은 그대의 재주가 영발(英發)[331]하여 卲亭稱汝才英發
조선에서 명성이 명류(名流)에 참여했다고 합니다. 左海聲名預勝流
오늘은 멀리서 '좋은 시편'[332]을 보내 와서 今日遙傳高詠至

[경재(絅載)가 북경 오는 도중 지은 여러 편의 시를 보여 주었다.]

이번에 와서 북경 유람의 기대를 저버리지 않았다. 此來不負上京游
바람은 맑고 달은 밝은데 삼롱(三弄)곡[333]을 깊이 이해한다. 風淸月白閒三弄

[경재(絅載)는 거문고를 잘 연주하였다.] (絅載善琴)

물은 멀리서 흐르고, 산은 길게 늘어졌는데 또 다시 몇 번이나 서신을 보냈나? 水遠山長又幾郵

---

331 영발(英發) : 재기(才氣)가 뛰어나게 들어나는 것을 말한다.

332 '좋은 시편' : 고영(高詠)을 풀이한 말이다.

333 삼롱(三弄)곡 : 매화삼롱(梅花三弄)을 말한다. 옛 곡명(曲名)이다. 서리에 아랑곳 하지 않고 눈을 이겨내며 피는 매화를 노래하였다. 명나라 주권(朱權)은 『신기비보(神奇秘譜)』에서 이 곡은 진(晋)나라 환이(桓伊)가 작곡했던 "적곡(笛曲)"을 개편해서 만들었다고 언급했다.

| | |
|---|---|
| 나는 부끄럽다오, 손님들의 빈번히 방문을 하지만 | 我媿行人頻見訪 |
| 나의 문장이 소식에 짝할 수 없다는 것을. | 文章不是大蘇儔 |

## 34

# 홍경모가 수방울에게 보내는 편지 1

'저는'[334] 멀리 해외의 사람입니다. 멀리 해외에 사는 사람으로서 중화의 사대부와 투합(投合)하는 것은 어찌 영광스럽고 행운이 아니겠습니까? 하물며 족하가 허심탄회하고 통쾌하게 말하며 제가 함부로 말하는 것도 용서하고, 나의 미혹된 것을 이끌어 주시면서, 앞에서 직언을 할 수 있게 하니 이것은 큰 뜻을 보여 주신 것입니다. 스스로 돌아보아도 어리석고 미친한 흔적밖에 없는데 어떻게 중국의 사대부에게 이런 것을 받을 수 있었겠습니까? 감동이 얼마나 지극한 지 말로 형용할 수 없습니다. 목마르게 우러러보는 마음을 가지고도 겨우 짧은 시간의 즐거움밖에 가지지 못하여 한나절도 다하지 못하고 돌아왔으니, 안타까움이 정말 많습

334 '저는' : 홍경모(洪敬謨, 1774~1851)를 말한다. 본관은 풍산(豊山)이고, 호는 관암(冠巖)이다. 이조판서를 지낸 홍양호(洪良浩)의 손자로, 홍낙원(洪樂源)의 아들이며, 어머니는 전주이씨(全州李氏)로 사간원정언 이존원(李存遠)의 딸이다. 1830년 사은부사(謝恩副使)로, 1834년 진하사(進賀使)로 청나라에 다녀왔다.(『한국민족문화대백과』 인용) 조부 홍양호는 1782년 동지부사, 1794년 사은사로 북경에 다녀왔다.

니다. 한가한 틈에 다시 가서 다하지 못한 회포를 다하고 싶습니 다만 족하가 이미 약속정하는 것을 버렸고, 저도 상사(喪事)로 두려운 나머지 몸에 병이 매우 심해져서 또한 문후를 여쭈는 글도 쓸 수가 없었습니다. 지금 사신의 일이 이미 끝나고 돌아갈 날이 임박하니, 장차 다시 합하의 빛나는 의용(儀容)을 어떻게 볼 수 있겠습니까?

무릇 사람이 서로 교류하는 것은 본래부터 얼굴은 아는 것에 있는 것이 아니니, 마음으로 교류하지 않고 얼굴로 교류하면 이는 얼굴만 아는 친구이고[面友], 얼굴로만 교류하지 않고 마음으로 교류하면 이는 정신으로 교류하는 것이니[神交], 진실로 두 마음이 서로 투합하면 천리만리 떨어진 곳이라도 섬돌 앞에 있는 정원에 있는 것 같고, 천년만년이라도 아침에서 저녁까지 밖에 안 되는 것 같습니다. 어찌 꼭 얼굴을 아는지, 모르는지 그리고 모였다 헤어진 시간이 짧았는가, 길었는가에 구속될 필요가 있겠습니까?

제가 이번 조선으로 돌아가면 비록 다시 대면할 수는 없더라도 이미 마음으로 투합했으니 때때로 '시(詩)와 서화(書畵)'[335]를 보내어 서통(犀通)[336]하여 거울이 비치는 듯이 하면 지극히 먼 하늘 끝

335 '시(詩)와 서화(書畵)' : 저묵(楮墨)을 풀이한 말이다. 저묵은 원래 종이와 먹을 말한다.

336 서통(犀通) : 일점서통(一點犀通)의 준말이다. 무소의 머리 위 뿔은 통천서(通天犀)라고도 한다. 이 안을 갈라보면 하얀 선처럼 보이는 한 줄 무늬가 뿔의 앞뒤를 관통하고 있어 이를 신령하다 여겨 '영서'라고 부르게 되었다. 후에 두 사람의 마음이 서로 통하는 것을 의미하는 말로 쓰였다. 당나라 이상은(李商

이라도 이웃을 하고 사는 것이라고 말할 수 있습니다. 세상에 정말로 천리에서 온 사람을 만날 때 이처럼 다른 지역이나 같은 마음이지만, 저 무릎을 마주하고 깊은 이야기를 하는 사람보다 혹 지나치거나 아니면 혹 그들보다 못하다면, 족하는 어떻게 하시겠습니까? 병으로 머무르는 곳에 누워 있다가 정신을 가다듬어 이에 삼가 문안을 드립니다. 아울러 거듭 이별의 인사를 하오니 오직 합하는 도체(道體)를 스스로 잘 보호하시길 바랍니다.

1834년(甲午) 음력 5월 2일
홍경모 머리 숙여 인사합니다.

이 밖에 기문(丌文) 4책(冊), 대관(大貫) 2책(冊), 도괘발온(圖卦發蘊) 1책(冊), 도서연상(圖書衍象) 2책(冊), 완역대지(玩易大旨) 1책(冊)을 부칩니다.

---

隱)은 「무제(無題)」 시에서 "몸에는 비록 쌍으로 나는, 채봉(彩鳳)의 날개가 없지만, 마음에는 영서처럼 한 점으로 통하네.[身無彩鳳雙飛翼 心有靈犀一點通]" 라고 하였다.(고전번역원 각주정보 참고)

35

# 조선 정사 관암(冠巖) 홍경모(洪敬謨) 추밀(樞密)께 드리는 편지 1

친필로 써주신 편지가 도착했습니다. 구구절절이 관심을 가지고 살펴보아 주시니 정성스런 마음에 몹시 감동합니다. 근래 공사(公事)가 조금 한가해 졌지만 다시 만날 수는 없어서 정말 안타깝습니다. 친구의 도리는 마음을 중요하게 여기는 것이지 얼굴 마주보는 것을 소중하게 여기지 않을 것은 제가 소정에게 보낸 편지와 족하가 보내온 편지에 모두 언급하였습니다. 이제부터 사업이 넓어지고 공훈이 드높아져 아름다운 명예가 멀리 전파되기를 친구로서 바라는 것입니다. 어찌 여러 번 만나기를 도모하여 즐거움을 삼겠습니까?

떠날 행차의 날수가 며칠 남아있지만 오직 스스로 몸을 소중하게 여기고 보살피기를 바랍니다. 자식 그리워하는 고통을 덜어서 산천에서 바람과 이슬이 주는 노고에 방비하시길 바랍니다. 부탁하신 우의(友誼)는 잘 받들겠습니다. 제가 들어보니, 세속의 친구는 연예(延譽)[337]에 힘쓰고, 군자의 친구는 잘못된 것에 대하여 지적받기를 기대한다고 합니다. 족하께서는 제가 연예(延譽)하기를 기대하지 마시길 바랍니다.

사사로운 생각이 잊혀지지 않아서 족하에게 간언하고, 이별에 임박하여 한마디 해주는 의리로 삼고자 하는데 족하께서는 이것을 기꺼이 들어 보시겠습니까?

무릇 성인들이 사람을 가르칠 때 말을 삼가는 것을 제일 중요시하였습니다. 말을 삼가는 것은 입덕(入德)의 시작이기도 합니다. 족하는 늙음에 이르고 있지만 도에 있어서는 능히 깊이 나가지 못하여서 말을 자주 바꾸고 있습니다. 『서경(書經)』에서는 "말이 부끄러운 것을 일으킨다."[338]라고 하였고 『역경(易經)』에서는 "언어로 말하게 되면 영욕(榮辱)이 이에 따라 결정된다."[339]라고 하지 않았습니까? 삼가하고 또 삼가한 후에라야 부끄러운 일을 불러들이고, 모욕을 얻는데 이르지 않을 것입니다. 유의하시어 소홀히 하지 마시길 바랍니다. 시를 적은 부채 한 자루 아울러 살펴 거두어 두시길 바랍니다.

5월 6일

수방울(帥方蔚)이 아뢵니다.

---

337 연예(延譽) : 명성이 사람들에게 잘 알려지도록 선양(宣揚)하거나 칭찬한다는 뜻을 가지고 있다.

338 "말이 ~ 일으킨다." : 유구계수(惟口啓羞)를 풀이한 말이다. 이 본래 『예기(禮記)・치인(緇人)』에 나오는 말이다. 『서경(書經)・설중(說中), 중(中)』에는 "惟口起羞, 有甲胄起戎"이라고 되어 있다. 의미는 서로 서로 통한다.

339 "언어로 ~ 결정된다." : 추기지발(樞機之發), 영욕지주(榮辱之主)"를 풀이한 말이다. 출전은 『주역(周易)・계사(系辭), 상(上)』에 언급된 말이다. 여기서 추기(樞機)는 언행(言行)으로 풀이되는데, 본래 추(樞)는 문지돌이로 전축(轉軸)을 말하고, 기(機)는 활의 노아(弩牙)를 의미한다.

36

# 홍경모가 수방울에게 보내는 편지 2

저의 계부(季父)이신 훈곡공(薰谷公) 홍희준(洪羲俊)[340]은 역학(易學)에 깊어 저술이 많습니다. 이에 받들어 보냅니다. 선생의 고명(高明)한 학술로 분명 절충하고 이해하는 것이 있을 것이니 만약 '영장(郢匠)의 부정(斧正)'[341]을 받으면 어찌 해외에 멀리 있는 사람에게는 행운이 아니겠습니까? 저의 계부의 이름은 희준(羲俊)이고, 자(字)는 중심(仲心)이며, 별호(別號)는 훈곡(薰谷)입니다. 1794년

---

340 홍희준(洪羲俊) : 홍희준(1761~1841)의 이명(異名)으로 홍낙준(洪樂俊)이라고 한다. 홍희준은 청나라에 다녀온 적이 있고 이조판서 등을 역임한 적이 있다. 홍희준의 아버지는 홍양호(洪良浩)이다. 홍경모는 홍양호의 손자이며 아버지는 홍양호의 장남인 홍낙원이다. 홍희준은 계부이다.

341 '영장(郢匠)의 부정(斧正)' : 『장자(莊子) · 서무귀(徐無鬼)』에 나오는 말이다. 영장은 문학거장을 비유하는 말로 쓰인다. 초나라 영(郢) 땅의 장석(匠石)이 코끝에 있는 흙을 도끼[斤]로 바람을 일으키며 깎아 내면서 사람은 다치지 않고 흙만 깎아 내었다는 고사에서 유래한다. 원문은 다음과 같다.[『庄子集釋 · 雜篇 · 徐无鬼』: "楚郢中的巧匠, 名石, 郢人堊漫其鼻端, 若蠅翼, 使匠石斫之, 匠石運斤成風, 听而斫之, 盡堊而鼻不傷, 郢人立不失容, 后以郢匠喩指文學巨匠, 亦指衡文取士的考官或砥礪切磋的師友."]

(건륭 59)과 1826년(도광 6)에 두 번 북경에 온 적이 있습니다. 문과(文科)를 통해 현관(現官) 산질대신(散秩大臣)[342]으로 나이는 74세입니다.

경모는 다시 아뢰입니다. 절기가 '단오'[343]에 이르러 '많은 복'[344]이 바야흐로 모여, 원조(元朝)[345]에 버금가기를 멀리서 손을 모아 봉축드립니다. 얼마 전에 보내주신 진귀한 것을 받았는데, 문뜩 저술한 것을 대하고 보니 경물(景物)을 묘사한 말은 정겨우며 말씀한 것은 평화롭고 온화합니다. 한번 주시(注視)하니 눈 사이에서, 황홀하게 글자 사이에 계신 것 같습니다. 이는 마음속에 진기(眞氣)가 없으면 어떻게 사람을 이렇게 되도록 하겠습니까? 한미(澣薇)[346]하고 3번 장엄하게 읽어도 그치기 어려우니, 그 기쁨은 마치 '새가 높아 날아가는 것'[347]을 얻은 듯 했고, 그 감동은 백봉(白鳳)[348]을 얻은 것보다 나았습니다. 서로 마주하였으나 단지 수

---

342 산질대신(散秩大臣) : 원래는 청나라 관직명으로 종 2품이며 황제와 황궁의 경위부대에서 시위(侍衛)하는 관원을 말한다.

343 '단오' : 천중(天中)을 풀이한 말이다.

344 '많은 복' : 백록(百祿)을 풀이한 말이다. 『시경(詩經) · 천보(天保)』에 나오는 말이다. "하늘이 그대를 안정시켜 그대로 하여금 모두 좋게 하셨다. 마땅하지 않음이 없어서 하늘의 온갖 녹을 받거늘, 그대에게 장구한 복을 내리시되 날마다 부족하게 여기시도다.[天保定爾 俾爾戩穀 罄無不宜 受天百祿 降爾遐福 維日不足]"라고 하였다.(고전번역원 각주정보 참고)

345 원조(元朝) : 원조(元朝)는 원단(元旦)의 아침을 말한다.

346 한미(澣薇) : 관미(盥薇)와 같은 뜻으로 쓰였다. 관미는 장미에 내린 이슬을 모아 손을 씻는다는 말로 정결히 하였다는 의미라고 할 수 있다.

347 '새가 ~ 것' : 길우(吉羽)을 풀이한 말이다.

348 백봉(白鳳) : 양웅(揚雄)의 『태현경(太玄經)』에 "몽토백봉(夢吐白鳳)"이라는 말이 있다. 문자(文字)의 아름다움이나 문재(文才)를 칭송할 때 이 말을 사용한다.

미(須眉)만 기억에 남고, 대화를 나눈 것도 짧은 시간에 불과한데, 족하는 멀리에 있는 사람에게 무엇을 바랄 것이 있다고, 절실한 마음을 이와 같이 힘을 다해 신중하게 합니까? 비통한 끝에 갱화(賡和)[349]하지도 못합니다. 말을 삼가라는 교훈을 심히 부끄럽게 여기고, 마음에 기억하겠습니다. 삼가 마음 깊은 곳에 새겨지는 것은 어찌 끝이 있겠습니까? 동쪽으로 돌아갈 날이 얼마 남지 않아 서로 만나기를 기약할 수 없으니 오직 천번 만번 몸조심하시기를 기원합니다.

단오(端午) 다음 날

홍경모(洪敬謨) 인사를 올리며 편지를 보냅니다.

349 갱화(賡和) : 갱화는 다른 사람의 원음(原韻)이나 제의(題意)를 이어 사용하여 창화(唱和)하는 것을 말한다.

37

# 조선 정사 관암추밀(冠巖樞密) 홍경모의 동환(東還)을 전송하다. 편지 2

도성을 멀리서 가리키면서 오색구름은 짙어 가는데 帝城遙指五雲深
낙타와 말이 멀리서 진귀한 보물을 바친다. 駱馬嘽嘽遠獻琛
몇 번이나 국왕의 국서를 받아 압록강을 건넜는가? 幾奉國書踰鴨水
[관암은 두 번이나 공사(貢使)에 충당되었다.] (冠巖兩充貢使)
계림으로가 청조의 뜻을 자주 전했다. 頻傳朝旨過雞林
두 번 행차에 관아의 버드나무에서 시 흥에 젖어 兩行官柳沾唫興
거문고[350] '한 곡조'[351]를 지음(知音)에게 보낸다. 一関焦桐寄賞音
[동행한 성경재(成絅齋)는 거문고를 잘 연주했다.] (同行成生善琴)
'노년이 가까워질 때'[352]가 되어 서하(西河)[353]에서 도리어 아들을 잃고 운다. 垂老西河還哭子

350 거문고 : 초동(焦桐)을 풀이하였다. 동한(東漢) 때 채옹(蔡邕)이 불에 그을린 오동나무로 거문고를 만들었다. 나중에 초동은 거문고를 대신하여 불리는 말이 되었다.

351 '한 곡조' : 일결(一関)을 풀이한 말이다. 일결은 가곡(歌曲)이나 사(詞)의 한 곡조를 말한다.

352 '노년이 ~ 때' : 수로(垂老)를 풀이한 말이다.

353 서하(西河) : 하천물이 남쪽과 북쪽에서 황하(黃河)로 흘러드는 지역을 말한다.

유신(庾信)이여! 상심(傷心)을 노래하지 말라. 莫爲庾信賦傷心

[관암은 얼마 전에 아들을 잃었다.] (冠巖新有子喪)

'잠시 만나'[354] 즐겁게 웃고 이야기하면서 친해지니 傾蓋歡然笑語親

외람되게 '뇌의(雷義)와 진중(陳重)의 교칠(膠漆)'[355]과 비교해 본다.

漫將膠桼比雷陳

다시 저녁 비를 바라보며 주도(周道)[356]로 가다가 更看莫雨趨周道

맑은 바람을 대하고 있으니 정인(情人)이 생각난다. 長對淸風憶故人

[관암이 나에게 '둥근 부채'[357]를 한 자루 주었다.] (冠巖贈余團扇一握)

쌍절(雙絶)[358]을 들고 산해관에 들자 국사(國士)로 추앙되었고

雙節入關推國士

보관하는 상자 1편에는 부가(富家)에서 온 보물. 一編臧篋富家珍

[관암(冠巖) 홍경모(洪敬謨)의 계부 훈곡(薰谷) 홍희준(洪羲俊)의 저술에는 「기문(丌文)」과 「대관(大貫)」, 「도괘발온(圖卦發蘊)」, 「도서연상(圖書衍象)」, 「완역대지(玩易大旨)」 같은 여러 책들을 보내왔다.]

(冠巖以其季父薰谷所箸 : 「丌文」, 「大貫」, 「圖卦發蘊」, 「圖書衍象」, 「玩

---

354 '잠시 만나' : 경개(傾蓋)를 풀이한 말이다. 경개는 경개여고(傾蓋如故)의 준말이다. 이 말은 『사기(史記)』 「추양열전(鄒陽列傳)」에 언급된 말이다. 원래는 "흰머리가 되도록 오래 사귀었어도 새로운 사람 같고, 수레 덮개를 기울이고 잠깐 이야기했지만 오래된 벗과 같다.[白頭如新, 傾蓋如故.]"라는 구절에서 온 말이다.(고전번역원 각주정보 참고)

355 '뇌의(雷義)와 ~ 교칠(膠漆)' : 뇌의와 진중(陳重)은 동한(東漢) 때 사람이다. 뇌의와 진중은 같은 고을 사람이다. 두 사람은 우정이 깊고 정이 돈독하여 교칠(膠漆)이 뇌의와 진중만큼 단단하지 못하다고 말한 것에서 유래한 말이다.

356 주도((周道) : 주도는 주나라 길을 말한다. 『시경 · 소아(小雅) · 대동(大東)』에 나오는 말이다. "주나라 길이 숫돌 같으니, 반듯하기가 화살 같다. 군자가 밟고 소인이 본다.[周道如砥, 其直如矢. 君子所履, 小人所視.]"라는 내용이 보인다.

357 '둥근 부채' : 단선(團扇)을 풀이한 말이다.

358 쌍절(雙絶) : 쌍절은 고관(高官)이나 신선의 의장(儀仗)을 말한다.

易大旨」, 諸書見贈)

해거(海居) 홍현주(洪顯周)의 옥사(屋舍)에서 큰소리로 읊조리는 객(客).

海居齋裏高唫客

화려하고 공교한 문사(文辭)로 생각이 새로워지는 것을 알겠다.

定識華兼藻思新

[관암의 족하 약헌(約軒) 도위(都尉) 홍현주(洪顯周)를 말한다.]

(謂冠巖族子約軒都尉)

# 38

# 조선 경산(經山) 정원용(鄭元容)에게 보내는 편지 2

경산 정원용 상서(尙書) 족하께.

지난해 족하가 납공(納貢)[359]을 받들고 북경에 왔다가 우연히 서로 만날 수 있었습니다. 족하의 언론과 풍채를 보니 당연히 사목(四牧)[360]으로 분주히 다니기 위해 선발된 것입니다. 헤어진 지 얼마 되지 않은 것 같은데 어느덧 3년입니다. 매번 동산(東山)[361] 장(章)을 읊어보지만 보지 못한 유감만 더하게 됩니다. 길이 더욱 멀고 '헤어져 이별한 것'[362]이 하루하루 깊어지지만 만나서 마주 볼 방법이 없으며 소식마저 자주 막히니 쓸쓸한[363] 탄식은 옛날

359 납공(納貢) : 고대(古代) 제후가 천자에게 바치는 재물과 토산물을 말한다.

360 사목(四牧) : 사목은 도(道)와 중요한 곳에 두었는데, 왕실과 관계가 있는 지방은 작더라도 목으로 승격시켰다.

361 동산(東山) : 동산은 『시경 · 빈풍(豳風)』에 나오는 말이다. 원정(遠征)을 가거나 멀리 가는 땅을 말한다.["我徂東山, 慆慆不歸." 朱熹集傳 : "東山, 所征之地也."]

362 '헤어져 이별한 것' : 규이(睽異)를 풀이한 말이다.

363 쓸쓸한 : 이색(離索)을 풀이한 말이다. 이색은 독거(獨居)나 쓸쓸한 모양을 형용한 말한다.

이나 지금이나 같습니다. 근래 오직 잠자리와 먹는 것이 일상보다 나아지고, 기거(起居)도 건강하고 상서롭기를 바랍니다. 들어보니, 전번에 '국왕의 주변'[364]을 떠나 평안도에서 관찰(觀察)하더니 족하의 문채(文采)와 풍류가 명성을 떨친다고 들었습니다.

수레가 국경을 넘자 조반(朝班)[365]에 참석하지 못하는 것이 안타까워 高車出竟悵朝班

문채와 풍류를 친숙하게 볼 수 있기를 그리워한다. 文采風流想望閒

[약헌(約軒) 홍현주(洪顯周)가 사신의 명을 받고 떠나는 경산(經山) 정원용(鄭元容)에게 준 시.]

이번에 '기를 들고 절(節)을 잡으며'[366] 그곳으로 전장(典章)을 가지고 가면 한 지방을 모두 주관할 것이니 분명 행춘(行春)[367]에 '교화에 젖어들게'[368]하고, 바람 부는 물가에서 '앉아서 읊조리기'[369]를 할 것입니다.

좋은 계책은 관직보다 빛이 나고, 높은 명망은 '자사(刺史)의 직책'[370]보다 중요할 것입니다. 무릇 습속(習俗)을 고치고, 풍기(風

---

364 '국왕의 주변' : 금근(禁近)을 풀이한 말이다. 금근은 궁궐에 있는 제왕의 신변을 말한다.

365 조반(朝班) : 고대 군신들이 제왕을 알현할 때 관품에 따라 배열하는 위차(位次).

366 '기를 ~ 잡으며' : 모절(旄節)을 가지고 간다는 말을 풀이한 것이다. 기는 모(旄)를 풀이하였다. 고대 제왕(帝王)이 사신에게 주었던 부절(符節)로 사신이 지참하고 가서 신물(信物)로 삼았다.

367 행춘(行春) : 관리가 봄 날 순행하는 것을 말한다.

368 '교화에 젖어들게' : 화흡(化洽)을 풀이한 말이다.

369 '앉아서 읊조리기' : 좌소(坐嘯)를 풀이한 말이다. 좌소는 좌소(坐歗)라고도 한다.

氣)를 바꾸며, 숨겨있는 것을 밝혀내고, 막힌 것을 다스리는 것은 '명을 받고 나가는 사람'[371]의 임무입니다.

조선에는 어진 현자가 예의로 교화하는게 있어서 문물이 여러 변방민족 중에 최고이지만, 근래 민간의 풍속과 습관이 진실하지 못하여 '순박한 풍속이 부박(浮薄)한 것으로 변한 것'[372]이 '적지 않습니다.'[373] 족하는 장차 어떻게 이끌고 가지런하게 할 것인가요? 뜻을 표현하고 가르침을 바르게 하여 백성들을 궤범(軌範)에 들어가게 하시는 것입니까? 심지어 정학(正學)을 환하게 밝히는 것과 세교(世敎)를 보호하고 유지하는 것은 제가 더욱 족하에게 두텁게 기대하고 있습니다. 족하는 힘쓰지 않겠습니까?

아드님[374]은 우수하여, 충분히 높은 업적을 이어받았으며, 실로 심원하고 주도면밀(周到綿密)한 인재입니다. 아침저녁으로 '응당 배워야 할 도리'[375]의 교훈을 '아버지께서 가르쳐'[376] 학업에 더욱

---

370 '자사(刺史)의 직책' : 번조(藩條)를 풀이한 말이다. 번조는 한나라 때 주자사(州刺史)로 육조(六條)로써 주군(州郡)을 고찰했던 관리이다. 이로부터 자사의 직책을 지칭하게 되었다.

371 '명을 ~ 사람' : 사자(使者)를 풀이한 말이다. 국가의 명령을 받고 일을 처리하는 사람을 말한다.

372 '순박한 ~ 변한 것' : 요순산박(澆淳散朴)을 풀이한 말이다. 이 말은 요순산박(澆醇散樸)이라고도 한다. 순박한 사회의 풍기가 변하여 부박(浮薄)하게 된 것을 말한다. 『문자(文子) · 상례(上禮)』에 언급된 말이다.[『文子 · 上禮』, "施及周室, 澆醇散樸, 離道以爲僞, 險德以爲行."]

373 '적지 않습니다.' : 실번유도(實繁有徒)를 풀이한 말이다. 이 말은 실번유도(實蕃有徒)라고도 말한다. 실제로 이와 같은 사람이 적다는 뜻이다. 『서경』에서 유래한 말이다.[『書經 · 仲虺之誥』, "簡賢附勢, 實繁有徒."]

374 아드님 : 영사(令嗣)를 풀이한 말이다.

375 '응당 ~ 도리' : 의방(義方)을 풀이한 말이다. 응당 준수해야할 규법이나 법도를

정진하고, 널리 경전과 역사를 익혀서 헛된 명성에 힘쓰지 않고 실학(實學)으로 나아가도록 오직 족하께서 잘 가르쳐 주시길 바랍니다.

4월 18일

석촌 수방울 삼가 아룁니다.

---

말한다.

376 '아버지께서 가르쳐' : 추정(趨庭)을 풀이한 말이다. 공자의 아들 이(鯉)가 정원을 지날 때마다 공자가 불러서 시를 배웠는가? 라고 묻기도 하고, 예(禮)를 배웠는가? 라고 물었다는 데에서 유래한 말이다.[『論語 · 季氏』, "孔子嘗獨立, 鯉趨而過庭, 日 : '學詩乎?' 對日 : '未也', '不學詩, 無以言', 鯉退而學詩, 他日, 又獨立, 鯉趨而過庭, 日 : '學禮乎?' 對日 : '未也', '不學禮, 無以立', 鯉退而學禮."](고전번역원 각주정보 참고)

39

# 김영작이 수방울에게 드리는 편지 8

초가을에 경재(絅齊) 성재시가 북경에서 왔습니다. 합하의 수찰을 소매에서 내어 주면서 겸하여 「우일석범정(又一石帆亭)」 기문 1통을 받았습니다. 편지를 열어보니 환해지고 기뻐지는 마음을 어떻게 설명할 수 있겠습니까? 기문에 "무릇 사람의 학문은 하늘에서 얻은 것이 반이고, 사람에게서 얻은 것이 반인데, 고인에게 힘입은 것이 반이고 당대 사람에게 힘입은 것이 또한 반이다."라고 한 것으로 족하가 스스로 터득한 공부가 깊이 나아갔다는 것을 알 수 있습니다. '우일석범정'의 끝에 "알지 못하는 것은 넓혀나가고, 이미 알고 있는 것은 실천에 힘쓰라"고 하신 것은 어찌 감히 가르침을 마음에 새기고 기억[銘佩]하여 족하의 두터운 기대에 저버리지 않도록 하지 않겠습니까? 또 '우일석범정'이라는 5글자는 벽과(擘窠)[377]로 대자(大字)를 구해서 집의 현판으로 걸고자

377 벽과(擘窠) : 벽과는 글자를 쓰거나 전각(篆刻)을 할 때 글자의 크기를 일정하게 하면서 가로로 글자마다 경계를 일정하게 하여 쓰는 글을 말한다.

하니 붓글씨 쓰기를 아끼지 마시길바랍니다. '한미한 집안'[378]의 저를 분발시켜 주시니 은혜를 받은 것이 많습니다.

어제는 다시 경재의 거처에서 족하가 지은 제남(濟南) 시원(試院)의 즉사시(卽事詩)를 보았습니다. 격률(格律)이 청신(淸新)할 뿐만 아니라, 자구[詞句]도 정절(精切)하여 족하가 '밝게 살피고 공평을 유지하는'[379] 뜻을 가히 생각만하여도 알 수 있는 듯합니다. 여러 번 읽으니 감탄이 끝이 없습니다. 들어보니, 지난봄에 어사(御史)로 승진되었다고 하니 족하의 깨끗한 이름과 정직한 명성으로 응당 황제를 잘 보필할 것입니다. 법도를 떨치고, 성세(聖世)의 공평하고 밝은 다스림을 가지고 보좌하고 있으니 심히 성대하고 성대합니다. '여릉(廬陵) 구양수(歐陽脩)가 사간(司諫)이 된 범중엄(范仲淹)에게 간한 것'[380]을 족하를 위하여 낭독하오니 굽어 살피시길 바랍니다.

우범(雨帆) 선생은 지나간 겨울 '천거를 받고'[381] 북경에 돌아왔다가 잠시 머문 뒤에 군(郡)으로 돌아갔다고 하니 비록 한 글자의

---

378 '한미한 집안' : 봉필(蓬蓽)을 풀이한 말이다. 봉필은 봉문필호(蓬門蓽戶)의 줄인 말이다. 쑥으로 엮어서 만든 문과 콩깍지로 만든 출입구로 가난한 살림을 말한다.

379 '밝게 살피고 공평을 유지하는' : 감공형평(鑑空衡平)을 풀이한 말이다. 이 말은 공정하고 합리적인 의론이나 의견을 살피다는 뜻이다.

380 '여릉(廬陵) ~ 것' : 『당송팔가문초(唐宋八大家文鈔) · 상범사간서(上范司諫書)』에 수록된 구양수(歐陽脩)의 말이다. 북송 때 구양수가 사간(司諫) 범중엄(范仲淹)에게 "곧은 말과 엄정한 얼굴빛으로 면전에서 조정의 의론을 간쟁하는 모습을 끝내 볼 수가 없다."라고 상서(上書)하여, 언책(言責)을 다하지 못한 간관(諫官)에 대해 호된 비판을 가하였다.(고전번역원 각주정보 참고)

381 '천거를 받고' : 응천(膺薦)을 풀이한 말이다.

편지도 받들지 못하여 3~4년 동안 끊어진 사이라서 비난을 받을 만합니다. 그래도 지극히 다행이라고 할 만하니 이번에 다시 소식을 전하고 답장을 구해서 보내주시길 천번 만번 바랍니다.

조카 석세(石世)는 원습(原隰)[382]에서 바쁘게 보내고 있습니다. 일이 바쁘다 보니 나아가서 안부를 묻고 우의를 다지지 못하여 안타까움이 남은 채 돌아왔습니다. 경재의 집은 파주(坡州)의 검교촌(劍橋村)으로 왕성으로부터 거리가 유순(由旬)[383]인데 근래 오랫동안 만나지 못하였습니다. 이 때문에 이번에 편지가 없습니다. 심히 책망하지 말길 바랍니다. 날마다 일상 기거에 건강하고 편안하시며, 시간이 될 때마다 스스로 소중하게 여기시고 함께 살펴서 멀리서 그리워하는 마음을 위로하여 주시길 바랍니다. 편지를 마치자 깊이 감동되어 마음의 합하에게 달려가니 감격을 견딜 수 없습니다. 그리움이 지극해집니다.

1834년(甲午) 10월 27일

소정(卲亭) 김영작 거듭 인사를 올립니다.

---

382 원습(原隰) : 원습은 『시경 · 소아(小雅) · 신남산(信南山)』에 언급되어 있는 말이다. 『시경』에 "진실로 저 남산을, 우 임금이 다스리셨도다. 개간된 언덕과 습지에서, 증손이 농사를 짓네.[信彼南山, 維禹甸之. 畇畇原隰, 曾孫田之.]"라고 하였다.(고전번역원 각주정보 참고)

383 유순(由旬) : 고대 인도에서 거리를 재는 단위이다. 1유순(由旬)은 40리라는 설과 60 혹은 80리라는 설이 있다.

40

# 김영작이 수방울에게 보내는 편지 9

부친은 내년에 나이가 팔순에 이릅니다. 국가 제도에는 조정의 관리로 명책(名冊)에 있는 사람이 80세가 되면, 으레 은혜를 더하기 위하여 관직을 올려줘, 원단(元旦) 때 통정(通政)으로 위계가 3품인 하대부(下大夫)를 제수합니다. 저의 큰 아들은 나이가 이미 13세로 내년 봄에 혼례를 하려고 합니다. 경사스러운 잔치를 베풀어 부모님[384]에게 즐거움을 드리려고 합니다. 이에 감히 대군자에게 훈도(薰陶)하는 말씀을 구하니 서문이나 시사(詩詞)를 내려 주시어 소자가 찬미하는 정성에 부합하게 해주시길 바랍니다. 만일 「노군극성도화(老君極星圖畵)」와 같은 것을 구하여 권축(卷軸)에 금색 글씨를 써서 벽에 펼쳐놓아 화려한 색깔이 눈을 어지럽게 한다면 그 기쁨은 응당 어떠하겠습니까?

국가가 500년 동안 다스려져 백성을 교화하고 훈도(薰陶)하여

384 부모님 : 고당(高堂)을 풀이한 말이다. 본채에 딸려 있는 큰 방을 말하는 것으로 부모의 경칭(敬稱)으로 쓰인다.

인물이 화락[385]해져 조정과 재야에 나이가 70~80 된 사람이 집집마다 살고 있습니다. 매년 주(州)와 군(郡)에서 100세 이상인 사람을 아뢰는데 손으로 다 꼽을 수 없습니다. 저의 선조는 훈벌로 왕실의 외척[386]이며 대대로[387] 벼슬[388]을 하고, 부친은 '부귀한 집'[389]에서 성장하였으며, 학문이 연박(淵博)하여 문(文)에 능했고, 50세에 진사(進士)가 되었으며, 여섯 번 군현(郡縣)을 통치[390]하여 충주(忠州) 목사(牧使)에 이르렀습니다. 청렴하고 삼가 '공경하고 절약'[391]하였으며, 자애롭고 '다른 사람의 사정을 잘 헤아렸으며'[392] '화락하고 온순하였습니다.'[393] 법을 받들어 조정을 지켰고, 빛나는 명성을 구하지 않았으며, (부임하여) 이르는 곳마다 언제나 '임기를

---

385 화락 : 희호(熙皞)를 풀이한 말이다. 희호는 매우 만족하여 기뻐하는 모습을 말한다.

386 외척 : 척원(戚畹)을 풀이한 말이다. 척원은 제왕의 외척이 거주하는 지역을 말한다. 이에 근거하여 외척을 의미하기도 한다.

387 대대로 : 혁엽(奕葉)을 풀이한 말이다. 혁엽은 누세(累世)라는 의미를 가진다.

388 벼슬 : 규조(圭組)를 풀이한 말이다. 규조는 인수(印綬)를 말한다. 이에 근거하여 관작(官爵)이라는 말이 생겼다.

389 '부귀한 집' : 기환(綺紈)을 풀이한 말이다. 기환은 화려한 비단 제품 이라는 뜻을 가지고 있다. 비단 바지인 환과(紈袴)를 말하기도 하는데, 부귀한 집안이나 그 자제를 말할 때 쓰이기도 한다.

390 통치 : 전어(典御)를 풀이한 말로 장관(掌管)이라는 뜻을 가진다.

391 '공경하고 절약' : 근약(謹約)을 풀이한 말이다. 근약은 경신(敬愼)하고 검약한다는 말이다. 여기서 경신은 공경(恭敬)과 근신(勤愼)한다는 말이다. 그리고 검약은 검속(檢束)이나 약속(約束)이라는 말과 의미가 같다.

392 '다른 ~ 헤아렸으며' : 양해(諒解)를 풀이한 말이다.

393 '화락하고 온순하였습니다.' : 개제(豈弟)를 풀이한 말이다. 이 말은 화락하며 성정(性情)이 겸손과 평화롭다는 뜻을 가진 평이(平易)하다는 뜻을 가진다. 개제는 시경에 언급되어 있다.[『시경 · 小雅 · 蓼蕭』 : "旣見君子, 孔易豈弟"

마쳐도 백성들이 사모하는 것'[394]이 있었습니다.

만년에 저를 양육하심에 엄한 것을 자애로 거두어 주셔 하초(夏楚)[395]로 꾸짖은 적이 없고, 인내심을 가지고 간곡하게 권하여 몸소 가르쳤습니다. 보잘 것 없는 저의 학식과 행묵(行墨)[396]이 조금씩 스스로 이루워져 의(義)가 아닌 것에 빠지지 않은 것은 부친이 아니 가르친 게 없습니다. 백부(伯父)[397] 상국(相國) 경헌공(敬獻公)은 '문무(文武)를 겸하여'[398] 공적[399]이 현저하게 드러나, 나이 90세에 이르자 좌궤(坐几)와 지팡이[几杖]를 하사 받았습니다. 지금 부친도 다시 장수를 누리시니 우리 가문이 상서롭고 좋은 일은 고금(古今)에 드문 일입니다.

원컨대 연필(椽筆)[400]을 얻어 '이 일을 펼쳐 보이고, 그 뜻을 드날려'[401] 없어지지 않게 (후대에) 내려가게 하고자 하니, 오직 대군

---

394 '임기를 ~ 것' : 거후사(去後思)를 풀이한 말이다. 거후사는 지방관이 백성들에게 선정(善政)을 베풀자 임기가 끝나고 돌아갔지만 그곳 사람들이 그리워하고 사모하는 것을 말한다.(네이버 사전 참고)

395 하초(夏楚) : 고대 학교에서 예를 지키지 않거나 법규를 어기는 학생을 처벌하는 도구이다. 하(夏)는 개오동나무, 초(楚)는 가시나무로 만들었다. 『예기』에 언급된 말이다.[『禮記 · 學記』, "夏, 楚二物, 收其威也." 鄭玄注 : "夏, 槄也 ; 楚, 荊也, 二者所以撲撻犯禮者."]

396 행묵(行墨) : '문자(文字)와 시문(詩文)'을 말한다.

397 백부(伯父) : 김영작의 백부 김사목(金思穆, 1740~1829)을 말한다. 조선 후기 황해도 관찰사, 예조판서, 우의정 등을 역임한 문인이다.

398 '문무(文武)를 겸하여' : 출장입상(出將入相)을 풀이한 말이다. 이 말은 출전(出戰)하면 병사를 이끄는 장수가 되고, 입각(入閣)하면 재상(宰相)이 된다는 말로 관직이 높다는 것을 말한다.

399 공적 : 적용(績庸)을 풀이한 말이다. 적용은 적용(績用)이라고 말하기도 한다.

400 연필(椽筆) : 다른 사람의 문필이 출중한 것을 지칭할 때 쓰는 말이다.

자(大君子)[402]께서는 이점을 유의하여 주시길 바랍니다. 저에게 두 명 자식이 있는데, 장자는 이름이 항집(恒集)이고 차자는 이름이 승집(升集)입니다. 예부터 삼가(三加)[403]에 손님을 청하는 예가 있는데, 합하께서는 표덕(表德)[404]을 내려 주시고, 아울러 그 뜻을 풀고 자설(字說)을 지어서 아이들이 자(字)를 돌이켜보고 생각하여 때때로 스스로 경계하도록 은혜를 내려주시길 바랍니다. 이 또한 작은 바람입니다.

김영작 거듭 아뢰옵니다.

---

401 '이 일을 ~ 드날려' : 포장양려(鋪張揚厲)를 풀이한 말이다. 포장(鋪張)은 선양(宣揚)한다는 뜻이 있고, 양려(揚厲)는 가일층 발전시킨다는 발양광대(發揚光大)의 뜻을 가진다.[韓愈, 『潮州刺史謝上表』: "鋪張對天之閎休, 揚厲無前之偉蹟."]

402 대군자(大君子) : 대군자는 도덕과 문장으로 사람들에게 존경을 받거나 지위가 높은 사람을 말한다.

403 삼가(三加) : 관례(冠禮) 때 세 번 관을 갈아 씌우던 의식이다. 관례는 처음에는 치포관(緇布冠)을 씌우고, 다음에는 가죽으로 만든 피변(皮弁)을 씌우고, 다음에는 작변(爵弁)을 씌웠다. 모두 세 번이다.(고전번역원 각주정보 참고)

404 표덕(表德) : 옛날에 이름은 자신의 본체(本體)를 표현하고, 자(字)와 호(號)는 덕을 표현한다고 해서 표덕이라고 하였다.

41

# 조선 해원 김소정에게 보내는 답장 8

1835년

소정 해원 족하께.

써 주신 편지를 전달받고 보여주신 관심에 모두 '감명을 받아 잊지 못하겠습니다.'[405] 편지를 펼쳐놓고 낭송하며 내려가다 보니, 마치 저의 친구를 마주하고 문자를 평론하며, 고금(古今)을 대략 논하는 것 같습니다. 목마르고 굶주렸던 회포를 풀어내어 비록 속수(束脩)[406]에 의지한 질문은 아니더라도 정말 위안이 됩니다. 보내주신 편지의 「석범정기(石帆亭記)」에서 "무릇 사람들의 학문은 하늘에서 얻는 것이 반이고, 사람에게 얻는 것이 반인데,

---

405 '감명을 ~ 못하겠습니다.' : 인(紉)을 풀이한 말이다. 본래 인패(紉佩)라는 말로 쓰인다. 인(紉)은 감격하여 공경한다는 감패(感佩)와 잊지 못한다는 불망(不忘)이라는 뜻을 가진다.

406 속수(束脩) : 처음 제자가 되려고 선생을 만날 때 가지고 갔던 포육(脯肉) 등의 예물을 말한다. 수(脩)는 포(脯)이고 속(束)은 10개를 말한다. 『논어 · 술이(述而)』에 "속수 이상의 집지(執贄)의 예(禮)를 행한 자에게는 내가 한 번도 가르쳐 주지 않은 적이 없었다.[自行束脩以上 吾未嘗無誨焉]"라는 공자의 말이 나온다.(고전번역원 각주정보 참고)

옛 사람들에게 얻는 것이 반이고, 같은 시대 사람들에게 얻는 것이 반이다."라고 한 저의 말로 제가 스스로 터득한 공(功)에 깊이 나아간 것을 알 수 있다"고 말하셨지만 스스로 터득했다는 것을 어찌 쉽게 말할 수 있겠습니까? 이제부터라도 응당 족하와 함께 힘쓸 뿐입니다.

학문의 길은 필경 무궁한 것이니, 족하는 저의 말을 옳다고 여기면 능력[天分]을 믿고 노력[人功]을 버리지 마시길 바랍니다. 자신의 견해만 고집하여 남의 좋은 점을 버리지 않는다면 학문은 날로 닦아지고 덕은 날로 나아갈 것입니다.

나는 영광스럽게도 언로(言路)에 머물고 있기 때문에 족하가 이에 나를 위하여 '여릉(廬陵) 구양수(歐陽脩)가 범중엄(范仲淹)을 규정(規正)한 것'[407]을 말하고 있지만 나같이 녹록(錄錄)한 사람이 어찌 고인(古人)을 우러러 바라겠습니까? 이미 이런 벼슬에 점모(玷冒)[408]되었지만 응당 스스로 노력하여서 훌륭한 친구가 서로에게

---

407 '여릉(廬陵) ~ 것' : 범중엄(范仲淹)은 직간으로 여러 차례 좌천을 당했던 사람으로, 승상 여이간(呂夷簡)과 사이가 좋지 않았다. 한번은 황제 앞에서 여이간과 서로 공박하다가 두 사람 모두 좌천되었는데, 나중에 여이간이 다시 재상이 된 뒤 범중엄을 발탁하자 범중엄도 그를 받아들여 힘을 합해 국사를 해결해 나갔다. 범중엄이 죽은 뒤 구양수(歐陽脩)가 그의 비문에 두 사람이 만년에 원한을 풀었다고 썼는데, 범순인(范純仁)은 자신의 아버지가 여이간과 화해한 적이 없는데 이렇게 쓴 것은 아버지를 욕되게 하는 일이라고 생각하여 비문에서 그 구절을 빼 버렸다. 주희(朱熹)는 범순인의 처사가 옳지 않았다고 하면서, 범순인은 구양수에게 부친의 진심을 자세히 아뢰고 그 처분을 따라야 했고, 만약 끝내 서로 의견이 맞지 않을 경우에는 의리에 입각하여 구양수와의 관계를 끊었어야 옳다고 하였다.(고전번역원 각주검색 참조)

408 점모(玷冒) : 점모는 남우충수(濫竽充數)와 같은 말이다. 남우(濫竽)는 우(竽)라

기대하는 후의(厚意)에 우러러 보답하도록 하겠습니다.

족하(足下)는 독실하게 학문을 좋아하여 '다른 것을 숭상하는 것'[409]에 의혹되지 않으며, 양명학을 선학이라고 힘써 비판하더니, 보내온 편지에 유순(由旬)이라는 글자를 사용하였으니 이것은 불교의 말이 아니라고 할 수 있겠습니까? 별도의 편지에 족하의 부친이 80세에 오른다고 말하면서 나에게 서문을 써달라고 하고 부모를 위하여 '비통한 심정'[410]으로 축하한다고 하니, 곧바로 응하여 찬술하여 보내야겠지만 신정(新正)을 만나 공사(公私)에 여가가 조금 밖에 없습니다. 붓과 벼루도 오랫동안 사용하지 않아 '먼지에 덮여 있으나'[411] 조금 한가해지면 응당 우견(愚見)을 다하여 족하의 아름다운 부탁에 부합하겠습니다. 족하는 유학자로서 「노군극성도화(老君極星圖畵)」를 구하여 아버지를 축수(祝壽)하고자 한 점은 자못 유속(流俗)사람들과 같은 견해가 있다는 것을 면하기 어렵습니다. 나는 족하가 하지 말았으면 합니다. 사신이 돌아갈 날이 임박해 있으므로 바삐 답장[412]합니다. 오직 환절기에

---

는 악기를 불 수 없는 사람이 외람되이 악기를 연주하는 사람들 속에 끼여 있다는 말이다. 충수는 숫자에 충당되었다는 말이다. 이 말은 재능이 없는데도 충당되었다는 뜻으로 쓰인다.

409 '다른 ~ 것' : 기추(歧趨)를 풀이한 말이다. 기추는 기취(歧趣)라고도 하는데, 같지 않은 것을 숭상한다는 추향(趨向)을 말한다. 추향은 숭상(崇尙)하는 것을 말하기도 한다.

410 '비통한 심정' : 경열(哽餲)을 풀이한 말이다. 경열은 경일(哽噎) 또는 경의(哽饐)라고 한다. 비통한 심정에 기가 막히고 소리 없이 흐느끼는 것을 말한다."

411 '먼지에 ~ 있으나' : 진봉(塵封)을 풀이한 말이다.

412 답장 : 포복(布復)을 풀이한 말이다. 포복(布覆)이라고도 한다. 자신의 의견을

진섭(珍攝)[413]하시길 바랍니다.

1월 25일

석촌 수방울 아룁니다.

진술하고 상대방에게 답장을 하는 것을 말한다.

413 진섭(珍攝) : 보중(保重)과 같은 말이다.

42

# 홍경모가 수방울에게 드리는 편지 3

지난번 북경에 들어와 평소 선생의 훌륭하신 이름을 삼가 듣고 나서 날마다 간절하게 우러러 보다가, 요행히 선생이 '예절로 아끼는 것'[414]으로 선비를 맞이하는 성대한 뜻을 입어 다연(茶煙)에 필담을 하는 사이로 달려가 배석할 수 있었습니다. 반나절 합하의 덕행을 보면서 단지 말로 필담을 대신하지 못한 것을 안타까워하고 있습니다. 조선으로 돌아가는 것이 한 달 남아 있었지만 그리워지는 마음이 더욱 간절했었습니다. 이 세상과 이 생애에 합하를 다시 '만날 수[奉歡]' 없으니 안타까운 마음이 더욱 절실해 집니다. 마음과 마음이 서로 일치하므로 천리 떨어진 곳이 '한 마당'[415] 같으니 반드시 얼굴을 마주 해야 되겠습니까?

추운 기운이 일제히 다가오고 있습니다. 오직 합하의 기거(起

414 '예절로 아끼는 것': 개합(開閤)을 풀이한 말이다. 개합은 대신(大臣)이 현인을 예로 대하고 선비를 아끼는 것을 말한다.

415 '한 마당': 정제(庭除)를 풀이한 말이다. 정제는 섬돌 아래에 있는 정원을 말한다.

居)가 안정되어 보중하시길 바랍니다. 저는 '갑자기 닥친 슬픔'[416]으로 병이 되어 가을을 맞이하고도 낫질 않습니다. 단지 심히 쇠약한 것을 탄식할 뿐입니다. 저는 어릴 때부터 학습하였지만 백분(白紛)[417]입니다. 평생 힘을 들여 온 것은 오로지 경사(經史)이고, 실학(實學)으로 나아가는 것만을 구해왔습니다. 육경(六經)을 침묘(寢廟)[418]로 하고, 좌사(左史)를 당오(堂奧)[419]로 하며, 팔가(八家)를 문장(門牆)[420]으로 하여, 멀리로는 도덕(道德)과 성명(性命), 가깝게는 명물(名物)[421]과 자구(字句)를 언제나 그 실마리라도 쪼개고 그 터럭같이 작은 것이라도 분석하여 바다같이 넓은 것도 진섭(津涉)[422]하였고, 실 같이 번잡하게 남아 있는 것도 파헤쳤습

---

416 '갑자기 ~ 슬픔' : 비췌(悲瘁)를 풀이한 말이다. 비췌는 비췌(悲悴)라고도 표기한다. 애상(哀傷)을 말한다.

417 백분(白紛) : 어려서부터 학문을 하여 백발에 이르러서도 분란하기만 하다는 뜻으로, 늙어서도 학문을 성취하지 못함을 의미한다. 양웅(揚雄)의 『법언(法言) · 오자(吾子)』에 "아이 때부터 학문을 익혔지만 늙어서도 분란하기만 하다. [童而習之, 白紛如也.]"라고 한 데서 온 말이다.(고전번역원 각주정보 참고)

418 침묘(寢廟) : 고대 종묘의 정전(正殿)을 묘(廟)라고 하고, 후전(後殿)을 침(寢)이라하는데, 이를 합쳐서 침묘(寢廟)라고 한다.

419 당오(堂奧) : 당오는 청당(廳堂)과 내실(內室)을 말한다. 특히 오(奧)는 내실의 서남쪽 모퉁이를 말한다.

420 문장(門牆) : 문장은 문장(門墻)이라고도 쓴다. 대문에 연접해 있는 담장으로 스승의 문하를 말할 때 쓰이는 말이기도 하다. 『논어 · 자장(子張)』에서 자공(子貢)이 말하기를, "부자의 문장은 두어 길이나 되는지라, 그 문을 통하여 들어가지 않으면 종묘의 아름다움과 백관의 풍부함을 볼 수가 없다.[夫子之墻數仞, 不得其門而入, 不見宗廟之美, 百官之富.]"라고 한 데서 유래한 말이다."(고전번역원 각주정보 참고)

421 명물(名物) : 명물은 사물의 명칭(名稱)을 의미한다.

422 진섭(津涉) : 진섭은 나루터를 말한다. 학문하는 길을 비유하여 말할 때 쓴다.

니다. 작은[423] 재주와 힘으로 고개를 돌려보고 망양지탄(望洋之嘆)[424]을 하지 않을 수 없습니다. 자못 '연서(燕書)의 영설(郢說)'[425]과 같습니다. 하물며 이뿐만 아니라 서적[426]이 많지 않아, '대조하고 심사하여 증명함'[427]에 단계가 없어, 미묘한 말이라면 '그 혼탁하여 사리에 밝지 못한 것'[428]을 따랐고, 어두운 뜻이라면 '사리(事理)가 불 분명'[429]한 탓으로 돌렸습니다. 이것이 평소의 한이 되어 바른 군자에게 우러러 물어보려 던 것이 심해졌습니다. 다행히도

---

423 작은 : 두소(斗筲)를 풀이한 말이다 .두(斗)는 10승(升)을 담을 수 있고, 소(筲)는 대나무 그릇을 말한다. 두소는 용량이 작은 용기를 말한다.

424 망양지탄(望洋之嘆) : 망양지탄에서 '망양(望洋)'은 자기의 좁은 소견으로 엄청나게 높은 식견을 보는 것을 의미한다. 『장자 · 추수(秋水)』에, 강물 귀신 하백(河伯)이 북해(北海)에 이르러 그 무한한 경지를 접하고 바다 귀신 약(若)에게 자기의 처지를 토로했던 일에서 유래하였다. 심원(深遠)한 학문에 대하여 자신의 힘이 미치지 못함을 탄식하는 것을 망양지탄이라고 한다.(고전번역원 각주정보 참고.)

425 '연서(燕書)의 영설(郢說)' : 『한비자(韓非子) · 외저설좌상(外儲說左上)』에 언급된 말이다. '초나라의 어떤 사람[郢人]'이 연(燕)나라의 상국(相國)에게 저녁 때 편지를 쓰다가 등불이 희미해지자 "촛불을 높이 들어라[擧燭]"하고 말하다가 그만 이 말을 편지에 적어 넣었다. 편지를 받은 연나라 상국은 이 말을 세상에 있는 어질고 재능이 있는 사람들을 불러 임명하라는 말로 알고, 연나라 왕이 이 말을 받아들여 실행하였다고 한다. 본래 편지에 쓰려고한 뜻은 아니지만 지금의 학자들이 대개 이와 유사한 종류의 사람이라는 말이다.[『韓非子 · 外儲說左上』, "郢人有遺燕相國書者, 夜書, 火不明, 因謂持燭者曰 : "擧燭", 云而過書 "擧燭", "擧燭"非書意也, 燕相受書而說之, 曰 : "'擧燭'者, 尙明也, 擧賢而任之", 燕相白王, 王大說, 國以治, 治則治矣, 非書意也, 今世學者, 多似此類.]

426 서적 : 재적(載籍)을 풀이한 말이다. 『사기 · 백이열전』에 유사한 말이 있다.[『史記 · 伯夷列傳』, "夫學者載籍极博, 尤考信于六藝"]

427 '대조하고 ~ 증명함' : 징신(徵信)을 풀이한 말이다.

428 '그 ~ 못한 것' : 호도(糊塗)를 풀이하였다.

429 '사리(事理)가 불분명' : 골돌(鶻突)을 풀이한 말이다.

선생과 같은 군자를 만났으나 제가 마침 서하(西河)에서 통곡(慟哭)을 하고 뜻을 머금은 채 헛되이 돌아왔습니다.

이에 평소 의심했던 점을 모아 기록하니 여러 조항(條項)이 됩니다. 제가 거칠고 졸렬한 것도 잊은 채 홍종(洪鐘)[430]의 큰 소리를 우러러 존경하니, 세세히 살펴보신 다음 하나하나 조항을 따라 다가 분석하여 주시길 바랍니다. 바다모퉁이에 사는, 소견 좁은 사람에게 혼미한 것을 열어 주고, '이끌어 가르쳐 주신다면'[431] 어찌 큰 행운이 아니겠습니까? 이에 연공사(年貢使)를 계기로 겸하여 기거(起居)도 물어 봅니다. 갖추어 쓰지 못합니다.

사숙(舍叔)이 지은 『기문(丌文)』과 『대관(大貫)』 같은 여러 책은 이미 보셨을 것 같습니다. '학술이 뛰어난 사람들'[432]에게 웃음거리가 되는데 이르지 않았는지요? 후대에 전할 수는 있는 지요? 이에 다시 가르침을 내려주시길 바랍니다.

갑오년 10월 그믐날

관암 홍경모 거듭 인사를 드립니다.

---

430 홍종(洪鐘) : 만약 홍종이나 뇌고(雷鼓)는 치지 않으면 그 소리를 알 수 없다는 말에서 유래하였다.『예기 · 학기(學記)』에도 유사한 말이 있다. 여기서 홍종이나 뇌고를 친다는 것은 질문하는 것을 말한다.(『예기 · 학기』, "善待問者如撞鐘, 叩之以小者則小鳴, 叩之以大者則大鳴, 待其從容, 然後盡其聲. 不善答問者反此. 此皆進學之道也.")

431 '이끌어 가르쳐 주신다면' : 지남(指南)을 풀이한 말이다.

432 '학술이 뛰어난 사람들' : 대방가(大方家)를 풀이한 말이다. 모종 학문이나 예술에 정통(精通)한 사람을 말한다.

# 43

# 조선 관암추밀 홍경모에게 보내는 편지 3

관암(冠巖) 추밀(樞密) 족하(足下)께.

봄빛이 선명해질 때 이별[433]한 뒤 꾀꼬리 소리가 귀뚜라미 소리로 갑자기 바뀌어 버렸습니다. 동쪽 바다의 구름을 바라보면 더욱 마음이 달려갔는데, 마침 합하가 써주신 편지를 받으니 마치 얼굴을 대하고 이야기를 하는 듯합니다. 두 번 세 번 따라서 읽다가 홀연히 내려놓지 못하는 것은 실로 연모하는 마음이 쌓인 지 오래되었기 때문입니다.

여러 경전에서 의문이 나는 뜻을 진술하시니 족하가 학문을 좋아하고 깊이 생각하는 미덕을 모두 볼 수 있었습니다. 오직 거론한 각각의 것들은 대개 선대의 유학자들에 의한 정론(定論)이 이미 있습니다만, 단지 족하가 보지 못했을 뿐입니다. 조선에는 서적이 소략하고 부족하기에 고증을 참고할 수 없으므로 족하가 의문을 가지고도 풀 수 없으니 정말 탄식할 만합니다.

---

433 이별 : 판몌(判袂)를 풀이한 말이다.

지나치게 마음을 비우고 하문(下問)하신 것을 받고도 저는 공사가 복잡하고 번잡스러워 족하를 위하여 전(傳)과 주(注)를 인용하고 소통하며 증명해줄 겨를이 없습니다. 다른 때에 만약 여가가 있으면 응당 들은 것을 폭넓게 서술하고, 하나하나 분석하여 족하의 의혹된 뜻을 없애 드리겠습니다. 그동안 식사와 취침은 어떠하였습니까? 족하는 체질이 약하고 병이 많으니 자식을 아끼는 마음으로 지나치게 상처를 받지 마시길 바랍니다. 병을 조심하고 식사를 잘하시어 스스로 힘써 보살피는 이것을 간절하게 기원합니다.

1월 25일<br>석촌 수방울 삼가 아룁니다.

# 찾아보기

# 원문_좌해교유록

永爵頓首白, 丙戌冬, 友人洪三斯入都, 永爵爲詩贈行, 河間李雨帆先生見而極稱之, 寵賜和章, 勉以學問, 永爵庸闇感大君子之知遇, 誠恐以不舞之鶴, 上負羊公也.

三斯在都聞 : 都下盛傳, 足下廷對策, 醖茂淵懿, 上陵賈, 董, 爲近來所未有, 從書肆中購得一本, 旣而知足下卽李公弟子也, 又從李公匃得數本, 及會試硃卷, 寶臧篋笥, 歸以示永爵.

永爵受而讀之, 會試卷, 醖深演迤, 殿試卷宏麗溫疋, 皆枕葄經史, 華實兼茂, 信軼古之才也, 永爵奉此一編, 幾忘寢食者數矣, 又聞足下十齡馳譽, 婁試冠軍, 承家學之薪傳, 重名公之藻鑑, 睠焉瞻仰, 未嘗頃刻忘懷.

永爵海曲鯫生, 與足下無一口之疋, 因緣文字, 竊願自託于友好之末. 惟足下不棄其鄙陋, 則從玆以往, 魚雁常通, 講道論文, 抒寫衷曲, 萬里神交, 如侍左右, 區區之望也. 伏惟垂察, 畵扇一握, 貂尾筆十管, 石南碑一本併附上.

己丑四月十五日 邵亭金永爵再拜

訃告

朝鮮前忠州牧使金公思稙配淑人龍仁李氏, 以宿患不幸于八月七日戌時棄世, 專此訃告. 道光九年十月二十七日護喪金彝問上

## 2

帥編修座前, 己丑四月, 金卲亭解元作書, 付謝恩副价呂公東植之行, 呂公未抵皇都, 卒於榆關, 書竟不得達, 八月卲亭遭母夫人喪, 十一月, 繼遭伯父左議政公喪, 謹將訃告幷原牘, 付經畹趙秀三入燕之行, 値先生奉使出都, 又未傳遞而還. 今季十月, 卲亭有事于禮峯先壟(在長湍府), 歸期尙遠, 而盧生哲欽, 隨進貢上价徐公俊輔赴京, 故此書幅依舊緘上, 盧生端詳, 麤解文墨, 當躬造拜謁, 伏乞示款, 切仰.

庚寅十月二十日彝問又白

## 3

永爵頓首再拜言, 永爵辠戾極天, 不自死滅, 禍延先妣, 攀號擗踊, 五內糜潰, 日月迅駛, 祥, 禫奄過, 禮制所拘, 緣尊屈情, 筵几已轍, 巾裳頓變, 頫仰穹壤, 靡所逮及.

去季四月, 裁札, 付進謝副价呂公東植之行, 呂公未抵皇都, 歿於榆關, 書竟不得達. 十月將赴書幷原牘, 付經畹趙秀三東國詩人之行, 伊時先生乘軺南下, 又未傳遞. 今季十月, 永爵有事禮峯先壟, 歸聞宗人彝問言, 書幅照舊緘封, 付盧生哲欽之行, 未知此番, 其能交納否也. 敢問此日尊體珍嗇, 曾聞先生家學淵原, 蚤擅名譽, 仰想華甎視艸之暇, 箸作必富, 勿吝寄示, 俾開蒙陋也.

李公出守河南, 音信不以道路之修敻, 頻頻相通否, 上李公書, 須卽傳致, 而先生亦取覽, 一一鐫誨, 毋以疏遠而譴庰之, 區區之望也.

太醫李亨基, 技業精明, 兼通文墨, 與永爵契分甚疋, 今隨桐漁李相國赴京師, 當袖書造門, 竊冀視款, 亦必賜答, 昏憒不備, 謹狀上.

庚寅十一月二十日, 心制人金永爵狀上

案卲亭以道光九年八月, 丁母李淑人憂, 至是甫踰朞季, 卽已除服, 蓋卲亭父忠州公猶在. 朝鮮用古禮, 父在爲母服期, 故云'禮制所拘, 緣尊屈情'也, 父在爲母三年, 明太祖所定, 而朝鮮猶循古禮, 此其與中國異者, 石郵記.

## 報朝鮮金卲亭解元永爵書 辛卯 4

卲亭解元足下, 盧君來, 得足下往歲四月十五日, 所惠書, 竝筆, 扇, 石刻數事, 具紉疋意, 來書稱見僕省試卷子, 僕才非香山居士, 文采樸遫, 不足令雞林傳購. 況制擧文字, 大率庸淺無足取, 蓋大疋所不道, 而足下譽之過矣.

足下有所纂述, 乞寄一讀爲快. 臨屯, 樂浪之地, 素尙文敎, 代有知名之士, 幸擧一二爲僕言之, 此僕所樂聞也. 諸名流所箸書, 如能郵寄數通, 尤愜某願. 此勝於金鎞刮目矣. 雲山萬里, 天各一方, 惟冀愼疾加餐, 努力自愛.

正月二十日石郵師方蔚敬白

## 5

春杪承拜覆函, 迴環莊誦, 迄于今未已, 不審足下近祉康泰, 從容清華之地, 箸作必富, 不識可賜教否? 景星慶雲, 得睹爲快者, 政指此也. 東國諸先輩遺集, 卷帙浩繇, 未易携帶, 容當別覓信使呈正, 圖副疋屬耳. 畏齋程氏曰性理字訓, (程達原所增廣者), 語約而義備, 如醫家脈訣, 最便初學, 此僕所寤寐未見者, 倘蒙求惠, 資其講習, 則沐浴于足下甄陶之內無窮矣.

上雨帆先生札亟須轉致, 去歲回報如已到, 今便寄視, 獲奉萬里神交, 隔季音墨, 則其喜當如何, 肅此布候, 統惟犀照.

辛卯十一月四日卲亭金永爵再拜

## 6

良厚頓首, 石邨內翰執事. 往者良厚入都, 卽聞中朝貴人, 盛推執事之才, 其廷對策, 醖茂典疋, 當今無比. 良厚獲而讀之, 果然所聞不虛, 伏想近日體候佳勝, 榮問益美, 箸書更多矣. 聞中國取士, 專尙四子書, 今執事以策見重于時, 敢問中國取士之法如何, 亦用詩賦, 良厚東海鄙生, 知識淺陋, 執事如不棄, 願有以敎之, 上雨帆先生札, 幸卽轉致, 勿洪喬也.

十一月五日洪良厚白

## 7

僕在東國時, 聞執事盛名久矣, 常願一見. 今幸有便, 心竊喜之, 此心雖則如此繾綣, 而執事何繇知其然也. 家君以季貢上使進京, 隨侍抵此. 擬于今日, 親造屏下請教, 肯許攀瞻否? 立竢回音耳.

辛卯臘月, 二十日東國人鄭基世再拜

## 8

石郵內翰執事, 春朝尊起居衛重, 本以初九留約, 明後日俱有公幹, 似難抽去, 今日蚤飯後, 當霎進, 執事雖無暇, 幸少圖閑瀞如何?

新正初八日蚤鄭元容再拜

## 9

自圓還路, 歷遊萬壽, 五塔諸寺, 臨曛始抵館, 手敎留案, 披繹欣慰, 向進失晤, 至今耿耿, 執事如有暇, 未可從近一晤邪, 歸期財餘一旬, 阻闊如此, 良覺黯然, 詩扇依敎奉和, 專价敬呈.

不備十七朝經山鄭元容拜

## 經山尙書和詩 10

從容笑語榻相連, 豈識天涯有此緣, 投分交酬季札帶, 留情互贈繞朝鞭, 過痕囊貯詩篇在, 思夢函臧信息傳, 願子雲龍昭契遇, 好將經濟比前賢. 楊柳春風關路平, 親鳳詩字滿箱籯, 阮山神契雖同調, 鮑謝高才敢抗衡, 馬首雲煙迷北塞, 樽前草樹憶春城, 君應料得思君處, 明月蓬州夜夜明.

## 報朝鮮金卲亭解元書壬辰 11

卲亭解元足下, 鄭君來, 得十一月四日所惠書, 知前書已達左右. 重蒙珍貺, 感謝不厓, 往聞雨帆先生, 盛稱足下東國通人, 深造自得, 篤信不惑, 爲不可及. 每念及此, 未嘗不輟卷廢食也. 海天萬里, 一見無繇, 東望樂浪, 以增傃歎, 伏惟善飯自愛, 以慰友鳳之思.

辱問僕所箸書, 僕生四十三秊矣, 自齠齔中, 從先君子受經, 訓詁大義, 略能通曉, 顧自以經學至本朝極盛, 先儒舊說已備, 不復有所論箸, 而獨究心史學, 箸有兩漢書辨誤, 晋書擿誤, 五代史記纂誤續補, 歷代宰輔秊表, 開國以來宰輔秊表, 凡數種, 又詩古文各數卷, 雖稍稍纂次, 而皆譾陋無當, 未敢遂梓以問世也, 凡此諸作均不足備大疋之采擇.

自玆以往, 庶幾學有所得, 或不無見道之言, 爲足下所樂聞, 雖然時節如流, 老且將至, 恐斯言未易可踐耳, 抑僕願有進者. 側聞足下疋好講學, 言心言性, 剌剌不休.

私竊以謂自有宋諸子以來, 斯道大明, 直須身體力行耳. 明世講學,諸家高譚性命, 及攷其行事或與所言剌謬, 此于身世無益, 徒啓門戶黨援之習, 政如漢竇太后, 所謂儒者多文少質, 願足下勿復效之, 當如萬石君, 不言而躬行也, 且言者道所繇明, 亦因以晦詞緐旨富, 易使人惑爲害多矣.

又聞足下斷斷朱陸之爭, 于姚江詆之尤力, 以是爲吾道干城之衛, 此又過矣. 象山天資敏悟, 誠不免高明之過, 其所云: "易簡工夫終久大, 支離事業總浮沈", 蓋嘗以朱子爲不然, 然特其入悳稍異耳. 若乃淸修姱節, 有體有用, 卓然聖賢之徒, 固與朱子相頡頏也. 象山語錄中其言多直捷了, 當切理饜心, 豈獨鹿洞講義爲朱子心折哉, 至姚江之學, 爲世詬病, 以其往往以禪雜之, 此亦末流學者之弊, 非陽明之本也, 許恭簡言文成宗旨, 原與聖門不異, 以性無不善, 故知無不良, 良知卽是未發之中, 立論至爲明晢, 斯言當矣. 自龍谿, 心齋, 石簣, 諸子務爲過高之論, 乃始流爲禪學. 『明史』·「儒林傳」所謂駕師說上之, 去守仁益遠者, 指此.

(『明史』·「王眼傳」, 眼亦狂士, 往往駕師說上之, 指論益高遠出入於二氏. 「劉宗周傳」, 越中自王守仁後, 一傳爲王畿, 再傳爲周汝登, 陶望齡, 三傳爲陶奭齡, 皆雜於禪, 奭齡講學白馬山, 爲因果說, 去守仁益遠, 又「何廷仁傳」, 廷仁立論尙平實, 守仁歿後, 有爲過高之論者, 輒曰此非吾師言也, 蓋凡流入於禪者, 皆後學之過耳.)

大氐姚江一派, 傳浙東者多流弊, 傳江西者多實踐. 若鄒文莊, 歐陽文莊, 羅文恭, 吳文莊諸公, 言行粹然, 不可誣也. 今寄上儒門法語一編, 足下讀之, 知陸王之學, 其異於朱子者在彼, 其同於朱子者在此, 則辯論可息爾. 芻蕘一得, 惟足下留意裁察, 恕其狂直而進敎之,幸甚幸甚.

正月二十五日, 石郵帥方蔚敬白

## 寄懷朝鮮金卲亭解元 12

我聞周室初, 箕子封東土, 禮義教其民, 田蠶俗猶古, 人閒無閉臧, 夜寢常開戶, 三畾架黿鼉, 八條靖雀鼠, 豆籩持士流, 帷薄修婦女, 柔順異三方, 前賢每稱許, 況今聖朝興, 釀化敷海宇, 文教漸東邦, 份份類齊魯, 異人閒挺生, 壇坫張旗鼓, 講學有淵原, 傳經祥訓詁, 金生學道人, 癝癝循規巨, 性理守程朱, 詞章薄徐庾, 狂瀾障百川, 勦說都無取, 與我昧平生, 詒書至四五, 殷勤數自通, 願託金蘭譜, 萬里訂神交, 此意堪嘉與, 身非虎觀豪, 文媿雞林賈, 望子良復勞, 關山悵修阻, 何時暫相逢, 一見衣投紵, 入室坐春風, 聯牀聽夜雨, 開尊盡日留, 前燭通宵語, 此願定難償, 衷懷漫傾吐, 庶馮明月光, 一照相思苦, 萬古海啅聲, 寒雲蔽孤嶼.

## 報朝鮮洪三斯狀元良厚書 13

洪君足下, 遠辱惠書, 具紉存注, 海天萬里, 瞻望爲勞, 想同之也. 僕生四十三季矣, 自顧無奇侅之才, 過爲元老鉅公奬借, 忘其固陋以國士相期, 今復以姓名, 爲足下所知, 滋自媿矣. 承聞中國選擧之法, 國家取士, 有經義, 有策論, 有詩賦, 而經義最重, 自僮試以至鄉會試, 莫不用之.

僮子試, 四書義二, 五言六韻詩一, 覆試去四書義一, 加五經義一. 諸生歲試, 四書義一, 五經義一, 五言六韻詩一. 科試四書義一, 經史時務策一, 五言八韻詩一. 三季大比爲鄕會試, 試皆分三場, 首場四書義三, 五言八韻詩一, 次場五經義五, 末場經史時務策五. 會試後若殿試, 則對策, 朝攷則試以論, 疏, 詩 各一. 詩亦五言八韻, 其他雜試, 大氐皆用經義, 不用經義者, 惟詞科耳.

本朝兩擧詞科, 試以賦一, 論一, 詩一, 館職, 大攷, 亦試以賦, 論, 詩, 各一, 詩五七言, 無定格.

僮試入格爲諸生, 鄕試入格爲擧人, 諸生得與鄕試, 擧人得與會試. 會試入格, 然後得與殿試, 成進士, 加以朝攷, 然後量能而授以官, 蓋所以登進人才者如是其詳也, 足下東邦名流, 著述可幸教僕否! 他日使至, 乞一見視也.

正月二十五日, 石郵帥方蔚敬白

## 送朝鮮正使鄭經山尙書元容東還 14

㨂來尊酒數流連, 萍水相逢恰有緣, 舊雨幾人懷使节, 東風一路迓唫鞭, 文章結習眞難遣, 道義交情總可傳, 此去海邦同問訊, 好將消息報諸賢, 膏腴世閥比韋平, 詩禮傳家薄滿籯, (鄭氏爲朝鮮甲姓累世皆至公卿), 門搆祗應承賜戟, 宦涂況復領文衡 經山去季知貢擧, 凴看箸作盈蓬島, 蚤有聲華過柳城, 我欲折梅還寄遠, 知君良苦憶春明.

## 贈經山令子周谿進士基世 15

不是中朝第一人, 漫勞過訪駐文茵, 偶來日下通名字, 眞覺天涯若比隣, 千古論交懷縞紵, 一家濟美掌絲綸, 平生海內多知己, 翻媿虛聲到弁辰, 劒佩翩翩入帝鄕, 風流人其持何郞, (周谿時季十九), 鯨魚近接神山浪, 駱馬遙觀上國光, 賸有新詩唫露冕, 那將舊寢憶霓裳, 他季好記長安邸, 談讌從容飮碧香, (朝鮮酒名)

## 附錄來書 16

石邨內翰足下. 鄭周谿還, 承不鄙, 長牋見寵, 幾至累千百言, 講劘學術, 陳意甚高. 重貺扇頭寶什, 詞旨情摯, 心肺相照, 非足下疋眷之厚, 何以及此? 周谿盛稱令嗣妙季俊逸, 允爲謝家玉樹, 想應承詩禮之訓, 振箕裘之業, 攢賀之極, 深欲通問子舍, 以敦世好, 冗纏未之果, 乞爲我布此傾鄕之意也. 獲聆足下咀馥史家, 掞天大筆, 纂述等身, 計當明乎得失, 發爲經濟, 豈但證誤辨譌而止, 須毋過事撝謙, 因風寄視, 得使謏陋照然若發蒙也.

朱陸之爭, 非敢忘揷牙頰, 詆訾前哲, 祇是直攄管見, 就正大方, 冀聞高明之論, 厚蒙鐫誨, 至諭以不言躬行, 感佩欽誦, 書之于紳, 而況『儒林法語』一冊, 無非明訓的論, 頫首而讀, 奉爲圭臬. 至若禪學源流, 此便悤悤無暇辯難, 容更竭愚, 以備財察矣.

敝友成絅齋才氣英發, 學識淹貫, 近究心于琴律, 寄一書要僕仰質于足下, 故茲附上, 幸博問當世知音之君子, 一一剖析而賜敎焉. 河南驛使, 果能絡繹頻接雨帆先生信息否, 札牘裁呈, 伏祈代致.

僕春莫繇丹丘入越中, 歷覽江山之勝, 順流而下. 秋來又入金剛窮搜靈眞之境, 汎東海, 觀日出, 總計行三四千里, 御裝屬耳, 使車將發, 艸艸數字, 用探起居, 留竢續罄, 統惟亮照, 不盡欲言.

壬辰十月之望, 卲亭金永爵再拜

## 17

良厚謹啓石郵內翰執事, 僕昔在都, 得見李雨帆先生. 又因雨帆先生, 納交於許滈舲先生, 兩先生中華大君子也, 皆不我遐棄嘉惠而進敎之. 海隅下士, 不意有此奇遇, 可謂榮且幸矣. 僕又伏聞執事負不世之才, 鄕慕甚殷, 分淺緣慳, 不獲一見, 中心繾綣, 何日忘之? 執事豈知之乎? 惟有望風懷想而已. 寄雨帆滈舲書, 卽乞付去, 如有還報, 更望轉交, 思念之誠, 匪朝伊夕, 祈諒之也. 隆冬盛寒, 惟冀爲道自重, 壬辰小春望日洪良厚頓首

## 18

入長安都門以後, 第一番得瞻中朝名士之儀者, 卽執事也. 邃學博識, 非管蠡所窺惻, 而溫容如玉, 芳操似蘭, 卽其外, 而已令人有感悅慕往之盛. 況嘉誨以勉之, 珍字以寵之, 繾綣殷勤, 何可諼也.

別已經序, 想臺體萬禧, 令問休暢, 榮祿日隆, 賢嗣省采, 亦增歡愉, 緖經講道, 日就宏博, 每對金卲亭, 未嘗不話到亹亹也. 僕今春行車穩旋, 依舊城南敝廬, 滯坐讀書, 而嬾怠日甚, 學業不進. 恐虛臨別時

期勉之盛意, 良媿良媿, 玆因卪使之行, 謹修起居之儀, 不戩.

道光壬辰小春大霪之日, 周谿鄭基世.

## 洪約軒都尉來詩 19

生際太平日, 性癖惟詩耽, 家庭勤酬唱, 山水窮搜探, 到老乏佳句, 開卷良自慙, 漫錄日以積, 牛要竝奚儋, 全棄無可惜, 苟存十二三, 聞見意孤陋, 風氣限北南, 中州慕名士, 萬里輕寄函, 此意詎沽衒, 覆瓿固所甘, 淸鑑別妍醜, 良藥破聾暗, 志願於斯畢, 感激吾何堪.

壬辰小春, 朝鮮駙馬, 豐山洪顯周再拜

## 20

卲亭解元足下. 展讀手書, 叩承拳注, 逈擐三復, 感泐五中, 重辱撝謙下問阿戎, 兒子庸愚, 無長文之才, 不足爲群拜紀. 過蒙獎借, 良用滋媿. 比惟道體和豫, 起居勝常. 省書知頃繇丹邱, 入越中覽勝金剛, 汎東海觀日出, 往還數千里, 遊可謂壯矣. 古人得江山之助, 而文章益奇, 足下放眼海天, 窮搜祕奧, 想所得政復不少也.

成絅齋究心琴律, 亦好古博疋之士也, 所言古琴尺寸, 特器數之一節, 其說散見經注, 及諸傳記, 無煩贅述. 承惠蔆三兩, 簡紙五十幅, 聯紙二軸已至, 敬領聯紙一軸, 迢迢千里, 郵寄維艱, 厚意殷勤, 弗諼永矢矣. 其蔆三兩, 簡紙五十幅, 聯紙一軸, 謹因來使繳還. 聖朝統壹華夷, 東中朝貢之使, 一歲數至, 數至. 吾輩幸以道義相交好, 但令信問常通足矣, 不必以饋詒爲禮也, 附寄詩牋一匣, 乞察收, 時節如流, 勞力自愛.

正月二十日, 石邨帥方蔚白

## 報朝鮮洪三斯狀元書 21

洪君足下, 承來問, 懷人繾綣, 臨風展誦, 銘感殊深, 就稔尊候盲嘉, 甚以爲慰, 寒暑遞嬗, 光陰不留季矢之催, 志士所惜, 不審遊息之暇, 頗復有所纂述不, 東中亦多佳士, 與足下友善, 如卲亭比者, 可幾人也.

寄雨帆先生, 書卽遞去, 藕舲已丁憂回籍, 來札難於覓寄, 今乃付還, 望察收, 方春卽事多欣, 惟冀隨時自愛.

正月二十日, 帥方蔚白

## 報朝鮮鄭周谿進士書 22

周谿進士足下. 都門一別, 歲籥旋更. 回憶芳儀, 載勞遠企. 卽日寄居萬福, 省書知歸涂平善, 想雜華生樹, 芳草被隄, 望楊柳之依依, 無非麗矚, 當不復存行役之感, 動離別之思耳.

聞近休息城南, 滯坐讀書, 學問日富, 擴充識見, 以成有用之才, 庶承堂搆之基, 無媿棟梁之選, 佗日位望通顯, 榮問休暘, 光寵交遊多矣.

僕奉職詞垣, 錄錄如舊, 近況靡適, 足慰廑懷, 惠貺諸珍, 謹領牛黃淸心丸三枚, 敬謝, 其摺扇, 密疏, 煙器三事, 仍因來使繳還. 吾輩道義相交, 所以通殷勤者, 原不在此, 此後但令信問不斷, 幸勿遠事, 饋詒也. 寒往暑來, 善自珍衛. 附寄詩牋一匣, 乞察收.

正月二十日石邨帥方蔚白

## 次韻朝鮮洪約軒都尉顯周見寄卽題所箸海居齋詩鈔 23

顯周字世叔, 別字約軒, 朝鮮豐山人, 以主壻封永明尉, 海居其所居齋名也, 洪氏父子兄弟皆能文, 而顯周獨工詩聞, 聞余名以所箸, 海居齋詩鈔, 見寄且侑以詩次韻酬之

東海有才子, 嗜書如賈耽, 騷壇富唫咏, 錦囊時時探, 翰墨疋自惜, 風流使人慙, 奇才出貴冑, 生小弛負儋, 濟濟伯仲閒, 交柯珠樹三, 文名斗瞻北, 士望車指南, 一編遠遺我, 驚喜前開函, 那厭作詩苦, 還沾說土甘, 如君特雄駿, 萬馬宜皆喑, 老我怯鞭策, 馳驅良未堪.

## 24

元正覆函, 慰感交中, 不審間者尊體珍練. 僕晨昏之餘, 鹿鹿無它狀, 方從大慈丙舍歸, 逢進香使价于碧蹏館前. 遇便闕候, 心甚悵觸, 艸艸寄數字, 乞須亮恕, 辱賜回敎, 如獲剪燭對話, 攄寫衷素, 區區之望也. 雨帆信息可能覛及, 肅此布候, 不備, 伏惟照察.

癸巳七月二十六日, 卲亭金永爵再拜

## 報朝鮮金卲亭解元書 25

卲亭解元足下. 得七月二十六日書, 辱承垂注勤勤, 感切奚似? 比想履侯佳勝, 甚休甚休. 足下造道日深, 剴切精詣, 卓然有所成就, 惜僕相違數千里, 不獲昕夕過從, 相與切劘講論, 效麗澤之益也.

僕春中繇翰林改官御史公事緐瑣, 不復得從容問學如曩時, 每當素月清風, 晨鐙莫燭, 念足下大疋宏達, 塵外翛然, 翫山水之清音, 潯孔顏之眞樂, 未嘗不東望慨歎, 黯焉傷褢.

雨帆先生冬間將奉計入都, 須其至, 當取還報奉上, 迎冬凓沷, 惟冀隨時珍攝. 見鄭周谿進士, 幷爲問訊近狀也.

九月二十四日, 石邨師方蔚白

## 附錄來書 26

去秋碧蹏路上逢使, 付書函, 恐未達左右也. 從姪鼎集銜命赴京師, 敝叜成絅齋隨後車, 卽甹歲問琴律者.

日下傾蓋, 想多款洽, 恨不得置此身於尊酒譚笑之間也. 不腆土儀, 曾修執贄之禮, 遂致繳還, 媿悚交幷,『高麗名臣傳』一袠奉呈, 庸備攷證舊叓之資, 此與饋遺有間, 望須照收.

洪三斯王父湛軒公, 乾隆丙戌入燕, 與杭州嚴鐵橋, 陸莜歙, 潘秋庫邂逅旅邸, 道義相勉, 數十季音墨常通, 至今傳爲美譚. 三斯欲修世好, 嘗攀雨帆先生納交許薌舲司業 問訊於秋庫之孫帶銘 亦一奇緣. 今有寄薌舲, 帶銘書, 乞足下曲爲之代致, 俾續舊契, 幸甚.

足下著述及詩文, 儻未入梓, 命小胥鈔寫遠贈, 使于小齋閒坐之時,焚香展讀, 宛見須眉, 未必無助于千里相思也. 僕字德叟, 因取季高德卲之義, 號卲亭. 自與雨帆及足下證交以來, 扁所尻之室曰又一石帆亭, 蓋各取號中一字. 而王漁洋新城里第有石帆亭故以又一, 二字別之, 爲我製卲亭又一石帆亭記文二通, 回軺付投如何, 肅此布候文祺, 統惟心照.

甲午仲春旬有二日卲亭金永爵再拜

## 27

雨帆汲引後來英(石郵丙戌會試出雨帆門下), 淡墨新題到浿城, 虎觀編書推叓例(石郵究心叓學多有箸述), 鯉庭趨禮繼家聲, 故鄉地近滕王閣(石郵江西南昌府人),

內院人傳陸相名(石郵官翰林院編修), 蠻布繡成春雪句, 落岑神契託平生, 嵩洛春風太守車, 凴君萬里遞雙魚(寄雨帆書皆繇石郵轉致), 幸修交好追僑札, 媿許文章薄庾徐(性理守程朱詞章薄徐庾「石郵贈句」), 關柳遠牽中野夢, 驛梅長寄鬲季書, 江西詩派河閒樂(石郵江西人, 雨帆河閒人), 海外知音獨有余, 吾儒正𧗠溯程朱, 分派姚江各自殊, 不是隨聲依草木, 敢云衛道闢榛蕪, 南畇法語承心睨(石郵贈彭南畇儒門法語一冊), 西竺禪機辨志趨(姚江之學流入于禪), 聞說良知同未發, 許公遺訓信然乎(石郵書中引許恭簡公語云文成宗旨原與聖門不異, 以性無不善, 故知無不良, 良知卽是未發之中), 萬里皇華送阿咸(石世姪奉使上京), 都門餞酒濺春衫, 湖巖神契皆詩夢(余與中湖, 絅齋, 起巖, 寢中聯句, 今絅齋隨使車而行), 海嶽奇游又使銜(壬辰秋余與石世姪遍游海山名勝), 勝國名臣編史策(余贈石邨高麗名臣傳一袠), 中朝學士遞書函, 紫雯軒裏論文日, 好把交情證石帆(余與石邨雨帆證交扁所居曰石帆亭)

道光甲午仲春卲亭 金永爵拜呈

## 報朝鮮金卲亭解元書甲午 28

卲亭解元足下. 成生來, 得二月十二日所發書, 辱贈新詩, 竝『高麗名臣傳』一袠, 所以惠貺之者甚厚, 敬謝. 卽日履候淸勝, 惟冀善自珍衛, 以慰故人之思, 僕去春繇館職擢任言官, 職事稍緐. 來章媿未能和, 承索所箸文字, 曩雖稍有纂述, 自顧謭陋, 未敢遂付梓人, 佗日當錄寄數通, 奉酬疋意.

屬作「石帆亭記」, 已搆就, 勤奉上. 誠自審文采樸拙, 不足爲足下重, 然良友肫肫之意, 不可負也, 故勉爲之, 不復辭, 足下取其意而略其文, 斯則可矣.

所寄雨帆先生信件, 已付去. 去歲十一月, 雨帆先生膺薦入都, 僕爲言卲亭屢有書來, 而先生未一答書, 宜有以報卲亭者, 先生云秊來案牘勞形, 公事尟暇, 卲亭書未一答, 良以爲歉, 今當作百許字, 須使來, 郤寄卲亭耳. 然先生雖有是言, 在都小住旬日, 悤悤還郡, 竟亦未及作也.

洪三斯來信, 幷所致許, 潘札, 均收到. 藕舲服尙未闋, 容竢覔便寄去. 觀三斯意似疑僕見拒, 三斯前寄藕舲札, 因僕轉達, 會藕舲已以憂去, 故遂繳還原緘, 非僕故難之也. 往歲三斯以書抵雨帆先生, 其與僕書, 已有洪喬云云, 今來函復云.

聞中朝士大夫, 以外交爲嫌, 東國服事之誠, 與內地無異, 不當見外, 此又縣揣險度, 于情事甚未然也. 聖朝中外一家, 朝鮮世守東藩, 朝貢洛繹. 使臣在都下, 得與士大夫接見, 況書問往還, 有何嫌疑. 且僕與足下數四通書, 情好無間, 僕未嘗歫足下, 何獨歫三斯哉? 僕不才性好讀書, 而疏於世故, 自度無大善, 然平生立名義, 不忘言, 與人交有始終, 爲我謝三斯, 如以我爲友當以誠信相與, 如不以我爲友, 而徒欲藉以爲寄書郵, 則請從此辭, 不必復相聞問矣. 謹略陳固陋, 幸裁察焉.

四月十八日石邨帥方蔚白

## 朝鮮金卲亭解元又一石帆亭記 29

朝鮮自漢晋以來, 常通中國. 前史稱 : "東夷天性柔順, 異于三方之外, 有君子不死之國", 而朝鮮故箕子所封, 仁賢之化存焉. 自周初箕子之朝鮮, 教其民以禮義田蠶織作. 其俗不相盜, 無外戶之閉, 婦人貞信不婬辟, 歙食以籩豆, 其後俗稍益薄, 而人物秀美, 士多服習經史, 往往有宏達淹疋, 逴躒英絶之才. 聖朝中外一家, 聲敎四訖, 玉門, 陽關以西二萬餘里咸入版圖,

朝鮮世守東藩, 自崇德初感恩歸附, 久箸誠款, 朝貢絡繹, 史不絶書, 雖名外藩, 朝廷視之, 猶內地郡縣, 其陪臣奉使朝觀, 班佗國使臣上, 京師特置邸, 得與中朝士大夫接見, 禮之異于諸外夷.

金氏爲朝鮮舊家. 卲亭有儁才, 好學善屬文, 身未嘗至京師, 丙戌冬其友洪君三斯入都. 卲亭以詩贈行, 吾師雨帆李先生見而亟稱其才,

且和其詩. 卲亭感先生之知, 願納交焉.

三斯東歸, 求得余殿試卷子去, 卲亭見而慕之, 詒書問訊, 自託交好之末. 自是每朝鮮使至, 輒因使者寓書問起居, 歲以爲常. 卲亭旣知吾兩人, 顧恨不得一見也, 乃卽三人別字各取一字顔其室曰「石帆亭」, 晨夕嘯咏其中, 以寄思慕之意. 新城王文簡居第, 故嘗有石帆亭, 嫌襲其名, 故益之曰「又一石帆亭」, 此其意可謂誠矣.

夫卲亭與吾兩人, 以道義, 文章相切劘, 未嘗相見而歡然如舊相識, 至于今雖通書數四, 綢繆繾綣, 然終未獲一面也. 韓非子稱張敏與高惠友, 每相思不得見, 輒于夢中滐往, 行至半道, 卽迷不知路, 沈休文詩所謂夢中不識路, 何以慰相思者也, 然敏與惠特以離索久而相思, 非吾三人始終未獲一面者比, 宜卲亭念念不繹, 尤甚于尋常契闊之情. 雖然楊子不云乎, 鳳而不心, 面鳳也, 友而不心, 面友也. 鳳友之道在乎相知以心耳, 心不相孚則皃合神離, 雖終日晤言同堂不啻萬里也, 心苟莫逆則志同道合, 雖終身阻鬲萬里 不啻同堂也.

卲亭之于吾兩人, 將有其心乎, 抑友其面乎, 卲亭當能自擇之. 且所貴乎友者, 豈爲尊酒談讌, 游戲徵逐, 誇聲氣侈交遊而已, 固當以道義, 文章底厲, 以成其學也. 夫人之學也, 得于天者半, 得于人者亦半, 其取于人以爲學也, 資于古人者半, 資于今人者亦半. 卲亭與吾兩人友晏坐亭中 讀其文如見其人, 推此意以求之, 卽古人皆吾友也, 豈獨萬里無閒? 千載以上皆如聚處一堂耳. 卲亭讀聖賢書, 其益擴其所未知, 踐其所已知, 身體力行實事求是, 不欺幽獨, 不忘久要, 居是亭也, 而常如見吾兩人焉. 此吾兩人之所望于卲亭者, 無竢論文而憶一尊, 開徑而望三益已, 卲亭勉乎哉是爲記.

## 30

往瀆一函, 重蒙賜答, 媿謝之極, 比惟文祉淸安, 公暇嘯咏箸述盈卷, 祈得一二開我茅塞, 洗我塵俗, 幸勿過事珍祕也. 慕仰山斗, 積有季歲, 關河阻鬲, 不獲一晤, 有如黃卷上尙友. 每與卲亭論及, 爲之悵悵. 寄許灊舲, 潘帶銘 二書更望轉致, 帶銘卽故翰林院編修潘秋庫先生之孫也, 曾有世好, 欲續舊誼而無緣, 因藉灊舲以通音問, 季前得一書, 而謝幅無路可達. 乞爲我傳之, 或幷付灊舲傳之亦可,

聞日下名碩多以外交爲嫌, 赫蹏往來甚有不題之者, 殊非包容無外之意, 今昇平盛世, 四海一家, 我東服事之誠, 視內服無少損, 似當無中外之嫌, 限以一帶鴨水, 遂爾見外, 莫肯一顧, 先生豈其然乎? 妄恃厚眷, 敢煩傳書, 勿如前番還之也.

甲午二月十五日, 洪良厚頓首

## 報朝鮮洪三斯狀元書 31

洪君足下遠辱惠書, 殷勤甚厚, 白鳳之貺, 何以踰之. 僕因卲亭以知足下, 過蒙不棄, 附託交好, 而足下意, 似不相信, 蒙竊惑焉. 往者足下以書抵雨帆夫子, 屬僕轉致而所與僕書, 已有洪喬云云, 私怪足下何善疑也. 去歲寓書灊舲, 會灊舲已以憂去, 故以原緘奉繳, 而足下遂疑僕有意岠之. 今慈來信云: "聞中朝士大夫, 頗以外交爲嫌, 東中服事之誠, 與內服無異, 不當見外." 此又縣揣隃度, 扣槃捫燭之譚也. 聖朝中外一家, 朝鮮世守東藩, 號稱恭順, 使臣至都下, 得與士大夫接見, 況尺牘往還, 有何嫌疑? 且僕與卲亭數四通書, 講學論文, 音

問不絶, 何獨于足下而欲拒之? 足下所慮不已過乎? 聖人稱鳳友信之, 足下不以我爲友則已, 如以我爲友, 當以誠信相與, 無匿情而懷詐也, 暑中千萬自愛.

四月十八日, 帥方蔚白

32

日前進謁稍釋朝飢, 伏惟臺體珍佳爲頌, 泝慕山積, 意謂入都之後, 昕夕晤語, 以展宿昝如瀫之誠, 適會先生公務鞅掌, 不獲時造門屛, 區區之懷如有所失. 今歸期漸促, 不敢不一再抒蘊. 且正使洪冠巖先生, 于執事久裒識荊之願, 幸望另日約示, 偕進軒下也, 先此探候, 統惟亮照.

四月二十日成載詩頓首

## 贈朝鮮成絅齋載詩 33

卲亭稱汝才英發 左海聲名預勝流 今日遙傳高詠至 (敬齋以涂中諸詩見示) 此來不負上京游, 風淸月白閒三弄 絅載善琴 水遠山長又幾郵, 我媿行人頻見訪, 文章不是大蘇儔

## 34

僕海外遠人也, 以海外遠人, 託契于中華士大夫, 豈不榮且幸焉? 而況足下虛心開懷, 恕其妄而牖其迷, 使之盡言于㟁, 此古人所以示人以廣之意, 而自顧愚賤之跡, 何以得此于中華士大夫也? 感何之極, 不可名狀, 以其渴仰之心, 財得片時之歡, 未克竟晷而歸, 悵恨實多. 閒擬更造, 以畢未盡之懷, 而足下旣孯訂期, 僕于喪威之餘, 身恙甚苦, 亦未書候, 今焉使事已竣, 歸期在卽, 將無繇更瞻光儀? 夫人之相交, 原不在顔面, 不以心而以面, 是面友也, 不以面而以心是神交也, 苟能兩心相契千萬里如庭除, 千萬載如朝夕, 何必拘拘於顔面之知與不知, 聚散之久與不久哉?

僕今東歸, 縱未更面, 託以心契, 時寄楮墨, 如犀之通, 如鏡之照, 可謂天涯之比鄰也. 世固有覿面千里者, 若玆之異地同心, 視彼促膝深譚, 或有過之, 靡不及焉, 足下以爲何如? 病伏寓邸, 抖擻神情, 今玆奉候, 兼申別語, 惟望足下爲道自護.

甲午五月二日 洪敬謨, 頓首

外附丌文四冊, 大貫二冊, 圖卦發蘊一冊, 圖書衍象二冊, 玩易大旨一冊

## 與朝鮮正使洪冠巖樞密敬謨書 35

手教至, 存注切切, 甚感盛意, 日來公事匙暇不及再晤, 良用悒悵, 然鳳友之道, 貿以心而不以面, 僕所與卲亭書, 及足下來書, 具言之

矣, 從此業廣功崇, 嘉譽遠播, 故人之望也, 何必以數數謀面爲快乎?

行已有日, 惟冀善自珍衛, 割愛子之痛, 以禦山川風露之苦, 承附託交好. 僕聞流俗之友, 務在延譽, 君子之友, 期于聞過, 足下固無竢僕之延譽也. 私懷耿耿, 竊願進規足下, 以當臨別贈言之義, 足下其樂聞之乎? 夫聖人教人謹言爲先, 此入悳之始也, 足下齒垂莫, 于道未能深造, 而多易其言, 書稱: "惟口啓羞", 易稱: "樞機之發, 榮辱之主", 愼之又愼, 然後不至召羞而取辱, 幸留意毋忽, 詩扇一柄, 幷察收.

五月初六日帥方蔚白

---

36

---

僕之季父薰谷公, 邃於易學, 多所箸述, 玆以奉質, 以先生高明之學, 必有折衷而理會者, 如蒙郢斤之政 豈不爲海外遠人之幸邪? 僕季父名羲俊字仲心别號薰谷, 乾隆甲寅, 道光丙戌嘗兩赴京師, 繇文科現官散秩大臣, 春秋七十有四.

敬謨又白節屆天中, 百祿鼎臻, 攢手遙賀, 亞于元朝. 頃奉珍錫, 便面大著, 言情寫景, 溫厚和平, 一凝眸間, 恍若廁跡於豪墨之間. 此非中有眞氣, 何以能使人如是, 辭薇莊誦三復難已, 其欣如獲吉羽, 其感殆踰白鳳. 相對僅記須眉, 交話不過時刻, 而足下奚取于遠人, 鄭重惓惓之意, 如是勤摯邪? 悲痛之餘, 不能賡和. 媿甚愼言之訓, 謹銘肺腑, 心感何極, 東歸在卽, 相見無期, 惟祝千萬珍重.

端陽後一日洪敬謨拜上

## 送朝鮮正使洪冠巖樞密東還 37

帝城遙指五雲深, 駱馬嘽嘽遠獻琛, 幾奉國書踰鴨水(冠巖兩充貢使), 頻傳朝旨過雞林, 兩行官柳沾唫興, 一闋焦桐寄賞音(同行成生善琴), 垂老西河還哭子, 莫爲庾信賦傷心(冠巖新有子喪), 傾蓋歡然笑語親, 漫將膠桼比雷陳, 更看莫雨趨周道, 長對淸風憶故人(冠巖贈余團扇一握), 雙節入關推國士, 一編臧篋富家珍(冠巖以其季父薫谷所箸:「丌文」,「大貫」,「圖卦發蘊」,「圖書衍象」,「玩易大旨」, 諸書見贈), 海居齋裏高唫客, 定識華兼藻思新(謂冠巖族子約軒都尉)

## 與朝鮮鄭經山尙書書 38

經山尙書足下. 往歲足下奉貢入都. 獲相邂逅, 觀其言論風采, 自四牧馳驅之選也. 分衿無幾, 忽已三季. 每誦東山之詩, 以增不見之感, 道里悠遠, 睽異日深, 晤對末繇, 音塵多阻, 離索之歎, 古今所同. 比惟瞑食勝常, 起居康吉, 聞頃離禁近, 觀察平安, 足下文采風流久擅時譽, [高車出竟悵朝班, 文采風流想望閒, 洪約軒都尉送經山奉使詩], 玆者擁旄杖節, 都典一方, 必能化洽行春, 風瀓坐嘯, 英猷光於吏職, 疋望重于藩條, 夫易俗, 移風, 宣幽, 理滯使者之任也.

朝鮮有仁賢禮義之敎, 文物爲諸夷最, 而近日民俗浮僞, 澆淳散朴, 實繁有徒, 足下將何以道之齊之? 章志貞敎, 納民軌物歟? 至于昌明正學, 扶翊世敎, 尤僕所厚望于足下者, 足下不可勉之乎?

令嗣秀異, 克承崇構, 誠遠到之才也. 晨夕趨庭, 飫義方之訓, 所詣當更精進, 博習經史, 毋騖浮名而道實學, 惟足下善敎之.

四月十八日石邨帥方蔚敬白

附錄來書 39

初秋絅齊還自京師. 袖致足下手札, 兼獲所貺「又一石帆亭記」文一通, 發函煥然, 欣感難喩, 記中 : '夫人之學, 得于天者半, 得于人者亦半, 資于古人者半, 資于今人者亦半', 從知足下深造自得之功, 末及 : '勉之以擴其未知, 踐其已知', 敢不銘佩鐫誨, 以無負足下期待之厚. 又一石帆亭五字, 欲求擘窠大書, 扁揭堂楣, 勿吝揮灑, 賁我蓬蓽, 爲惠多矣.

昨又從絅齊處, 得見足下濟南試院卽事詩, 非但格律之淸新, 詞句之精切, 亦可想見足下鑑空衡平之義. 婁廻莊誦, 欽歎無斁, 聞去春擢授御史, 以足下淸名直聲, 想當補袞職, 振憲綱, 夾贊聖世平明之治, 甚盛甚盛. 謹將廬陵之所勉于范司諫者, 爲足下誦之, 幸垂察焉.

雨帆先生徂冬膺薦入都, 少住往還郡, 雖未奉一字之書, 而獲譏于三四季鬲絶之際, 猶云至幸, 今又寄音, 祈覓回牘以付, 千萬跂禱.

石世姪原隰馳驅, 使事倥偬, 迄未能造候修好, 函悵而歸. 絅齋家在坡州劍橋村, 距王城數緜旬, 近久未晤, 故玆無信, 勿瞋責也. 卽日起居康泰, 統希爲時自重, 用慰遐思, 旣書嘅然, 心馳几案之下, 不勝感激, 依戀之至.

甲午十月二十七日, 卲亭金永爵再拜

40

家君來歲壽躋八帙. 國制在朝籍者年八十, 例加恩進帙, 將于元正授通政階三品, 下大夫之職也, 僕之長子年已十三, 欲以明春行冠昏,設慶讌, 用供高堂之歡, 敢此薰沐乞言于大君子, 幸賜序文詩詞, 以副小子頌禱之忱, 如又獲「老君極星圖畵」之類, 金題玉軸, 張諸壁上, 則光華絢爛, 其喜當何如邪?

國家五百季, 治化薰蒸, 人物熙皥, 朝野季七八十者, 比屋而居. 每歲州郡奏百歲以上者, 指不勝僂. 而僕之先世勳伐戚畹, 奕葉圭組, 家君生長綺紈績學工文, 五十成進士, 六典郡縣, 至忠州牧使, 清愼謹約, 慈諒豈弟, 奉法守公, 不求赫赫譽, 所至輒有去後思.

晩育不肖慈掩其嚴, 未嘗施訶責夏楚, 而諄諄勸誘, 以身敎之, 不肖之麤識行墨, 稍自成立, 不至陷溺于非義者, 莫非家君之敎也. 世父相國敬獻公, 出將入相, 績庸茂簭, 季登九十蒙賜几杖. 今家君復享遐齡, 一門吉祥善事, 殆古今所罕有.

願得椽筆鋪張揚厲, 垂諸不朽, 惟大君子留意焉. 僕有二子長名恒集, 次名升集, 古有三加請賓之禮, 更乞大君子命其表悳, 釋其義, 作字說以惠俾兒輩顧名而思, 時自警悐, 此又區區之望也, 永爵又啓

## 報朝鮮金邵亭解元書乙未 41

邵亭解元足下遞到手書, 具紉垂注, 展誦之下, 如對我友而與之評隲文字, 商略古今也.

是紓飢潄之懷, 非假束脩之問, 甚慰甚慰, 來書稱 : '「石帆亭記」, 夫人之學得于天者半, 得于人者半亦半, 資于古人者半, 資于今人者亦半, 以此知僕深造自得之功', 自得渠敢輕言, 方當與足下其勵之耳.

學問之道其竟無窮, 足下如以僕言爲然, 毋恃天分而棄人功, 毋執己見而遺人善, 則學日修而德日進矣, 僕忝居言路, 足下乃爲僕稱盧

陵之所以規范司諫者. 僕之錄錄, 何足上仰古人? 惟旣刣此官要, 當自勉以仰答良友厚相期待之意.

足下篤信好學, 不惑歧趨, 力詆陽明以爲禪學, 而來書乃用由旬字此, 獨非釋子語乎? 別紙稱尊公壽躋八十, 丏僕作序, 爲堂上哽餉祝, 卽應撰寄, 値新正公私匙暇, 筆硏塵封稍閒當卽竭愚, 以副疋屬, 足下儒者, 至求「老君極星圖畵」以壽其親, 殆未免流俗之見存, 竊爲足下不取也, 使還在卽, 悤悤布復, 惟冀時自珍攝.

正月二十五日, 石郵帥方蔚白

## 42

曩入都下, 疋聞先生之大名, 日日瀓仰, 幸蒙先生開閣延士之盛意, 趨陪於茶煙豪墨之閒. 半日覿悳, 只恨不以言而代以筆舌也. 東歸有月, 戀慕日殷, 此生此世, 更無以奉歡, 悵恨彌切, 而心心相印, 千里如庭除, 何必以面爲也?

寒氣總至, 伏惟起居晏重. 僕悲瘁成病, 逢秋未蘇, 只有甚衰之歎耳, 僕僮習白紛, 平生藉力者, 惟在于經史, 求諸就實之學, 寢廟於六經, 堂奧於左史, 門牆於八家, 遠而道德性命, 近而名物字句, 必欲其縷析豪分, 而津涉浩如淵海, 披縢紛如縷絲, 斗筲之才力, 不得不望洋回首, 殆如燕書之郢說. 況又載籍未博, 徵信無階, 微辭則隨他糊塗, 晦意則歸之鶻突, 是爲平日之恨, 欲爲仰質于君子者疋矣, 幸逢君子哉先生, 而僕適因西河之慟, 含意虛歸.

今玆以平日之所蓄疑者, 錄成諸條. 忘其蕪拙, 仰敬洪鐘之大音,幸須細覽後, 一一逐條辨破. 使海隅局見, 得以牖迷而指南, 則豈不大幸也哉, 玆因季貢使秉探起居, 不備. 舍叔所箸, 丌文大貫諸書, 似以垂覽, 不至見笑于方家, 而可以傳後否, 亦望賜敎焉.

甲午十月晦日冠巖洪敬謨再拜

## 報朝鮮洪冠巖樞密書 43

冠巖樞密足下, 春明判袂, 鵷蜂倏遷, 東睇海雲, 以增馳泝, 適承手翰, 如獲面譚, 循誦再三, 未忽舍去. 良繇積戀之久也. 所陳諸經疑義, 具見足下好學深思之美, 惟所擧各事, 大氐先儒, 已有定論, 顧足下未之見耳. 東中書籍缺略, 考訂無從, 遂令足下懷疑, 不能釋然, 良可浩歎.

過蒙虛懷下問, 値僕公私叢雜, 無暇爲足下徵引傳注, 疏通證明. 異時如有餘閒, 當博述所聞, 一一剖析, 以袪子之惑志. 頃暝食何似, 足下體羸多病, 勿因悉子過傷, 愼疾加餐, 勉自調攝, 是所切企.

正月二十五日石郵帥方蔚敬白

# 영인본 - 잔해교유록

# 북경으로 보낸 편지
## - 좌해교유록(左海交遊錄)을 중심으로

2020년 11월 20일 초판 1쇄 발행

원　저 : 수방울
옮긴이 : 김동석
펴낸이 : 김병환
펴낸곳 : 학자원
주　소 : 134-814 서울시 강동구 천호대로 1121
전　화 : 02) 6403-1000
팩　스 : 02) 6338-1001
E-mail : hakjaone@daum.net
등　록 : 2011년 3월 24일 제2011-14호

HAKJAONE Publishing Co.
1121 Cheonho-Daero Kangdong-Gu Seoul

ISBN 979-11-6247-189-0 93810
값 20,000원

## 저자 소개

### 수방울(帥方蔚, 1790~1871)

자는 자문(子文), 숙기(叔起)이고 호는 석촌(石邨)이다. 강서성(江西省) 봉신(奉新) 사람이다. 7세 때 학문을 시작하여 하루에 천글자씩 암기하였고 14세 때 제생(諸生)으로 보충(補充)되었다. 24사와 제자백가를 베껴 쓴 적이 있다. 매충유(梅冲游)와 매충고(梅冲故) 선생에게서 배웠다. 1826년(도광 6)에 1갑(甲)에 탐화(探花)로 급제하였다. 한림원편수(翰林院编修)를 제수받았다. 산동 향시에 부고관(副考官)이었고 경기도(京畿道) 감찰어사(监察御史)에 이르렀다. 1838년 돌아가 백록동서원(白鹿洞书院)과 예장서원(豫章书院)에서 강연을 담당했다. 함풍 때에는 단방(單放)으로 1급인 관함(官銜)이 더해졌다. 저작으로 『지문헌수필(咫闻轩随笔)』과 『지문헌시고(咫闻轩诗稿)』, 『좌해교유록(左海交游录), 『사환일기(词垣日记)』 등이 있다. 1870년 강서성 순무(巡撫) 유곤일(劉坤一)이 수방울을 초빙하여 『강서통지(江西通志)』와 『봉신현지(奉新县志)』 등을 찬수(纂修)하게 하였다.

## 역자 소개

### 김동석

충북 속리산 아래에 있으면서 한강과 금강, 그리고 낙동강의 지류를 끼고 있는 보은에서 출생했다. 성균관대학교에서 산문으로 한국한문학을 전공했으며 강의를 하고 있다. 북경대학 한국학연구소에서 연구학자로 있었다. 주요 연구 분야는 『열하일기』 같은 연행록과 관련된 조선시대 산문이다. 역서로는 『수사록』(성균관대학교 출판부, 2015)이 있다. 공동 번역한 역서로는 『이옥전집』(휴먼니스트, 2009)과 『변영만전집』(성균관대학교 출판부, 2006), 『견문사건』(보고사, 2020) 등이 있다. 그리고 저서로는 『노이점의 수사록 연구-열하일기와 비교의 관점에서』(보고사, 2016)가 있다.

# 左海交游錄

# 左海交游錄

奉新帥方蔚子文箸

朝鮮、古中國地○周末、其君準、始僭王○漢武帝元封中、取其地置眞番、臨屯、樂浪、元菟、四郡○魏晉之世○經公孫慕容之斂○遂成外國○已而并入高麗○歷南北朝昌逮元明○服事中國○奉正朔、修朝貢、唯謹○明世李氏胥國○請改國號○于是復僭朝鮮○我

大清開國之初○首定朝鮮○

1 북경으로 보낸 편지

太宗崇悳二年、其王倧歸降○子孫世守臣節○號稱恭順○肯叟所云、東夷天性柔順○信不虛也○諸外夷惟朝鮮、越南、頗通經○叟嫻文藝○而朝鮮人物份疋○才儁輩出○又越南所不及○晉明太祖始舉鄉會試○令高麗安南、得貢士京師○而滅迄四年、高麗人金濤、以弟三甲弟五名、成進士○此洵非佗國所敢望矣○今朝鮮多能文之士○往往依附中朝名士○藉其聲望○以自爲名○道光六年、余以弟三人及第○

廷對策、大爲諸名公激賞。傳入韓鮮。而金永爵滋良厚之徒、爭願納交。詒書問訊。歲歲不絕。至于使者、則造門求謁。目一見爲榮。入都下者、投刺目姓名自通。凥國中者、寓書目文字來質。其閒或相見。盧哲欽、李亨基、鄭元容、元容子基世、滋敬。或未嘗相見。金永爵、金鑅、問滋良、顯周、滋羲俊等。皆自託交好。謀成載詩等。恐不得當。雖其好名之心。而鄉慕之誠。亦足尙也。今論次己丑目後往來書問贈荅詩文。總爲一編。名曰左海交游錄。目志一時投契之疋云。道光乙未二月既望奉

左海交游錄　二

新帥方蔵石邨氏書

男汝懿 之憲 孫大銓 大侗 大僑 大伊 校栞

同治十秊夏四月栞

④

# 左海交游錄

奉新帥方蔵子文箸

報翰鮮金邵亭解元永龢書辛丣

邵亭解元足下盧君來得足下往歲四月十五日所惠書竝筆扇石刻數事具紉疋意來書備見儀省試畨子儀才非香山凡士文采機邀不足令雞林傳購況制舉文字大率庸淺無足取葢大疋所不逮而足下譽之過矣足下有所纂述乞寄一讀爲快臨屯樂浪之地絫尚

左海交游錄

5 북경으로 보낸 편지

①



文教代胥知名之士𢑚擧一二爲儀言之此儀所樂聞也諸名流所箸書如能鄭寄數通尤愜厶願此勝於金鎞刮目矣雲山萬里天各一方惟冀愼疾加餐努力自㤅正月二十日石邨帥方葳敬白

附錄來書

永齋頓首白丙戌冬叐人濊三斯入都永齋爲詩贈行河間李雨帆先生見而亟偁之寵賜咊章勉以學問永齋庸闇感大君子之知遇誠恐以不舞

之鶴。上負羊公也。三斯在都、聞都下盛傳足下廷對策。醽茂開懿。上陵賈董。爲近來所未有。从書肆中購得一本。既而知足下卽李公弟子也。又从李公匄得數本。及會試硃卷。寶藏篋笥。歸以示永齋。永齋受而讀之。會試卷、醽淡演迤。殿試卷、宏麗溫疋。皆枕葄經史。藝實兼茂。信軼古之才也。永齋奉此一編。幾忘寢食者數矣。又聞足下十齡馳譽。婁試冠軍。承家學之薪傳。重名公之

古藕文存 卷一 十二

藻鑑聰焉瞻仰未嘗頃刻忘懷 永爵海曲鰥生與

足下無一日之疋因緣文字竊願自託于友好之

末惟足下不棄其鄙陋則从茲以往魚雁常通講

道論文抒寫衷曲萬里神交如侍左右區區之望

也伏惟𠂢詧畫扇一握貂尾筆十管石南碑一本

併附上己丑四月十五日邵亭金永爵再拜

訃告

朝鮮前忠州牧使金公思稙配淑人龍仁李氏㠯

宿患不瘳于八月七日戌時棄世專此訃告

道光九年十月二十七日護喪金彛問上

帥　編修　座前

己丑四月金邵亭解元作書付謙

恩副价呂公東植之行呂公未抵

皇都卒於榆關書竟不得達八月邵亭遭母夫人

喪十一月鹽遭伯父左議政公喪護將訃告幷原

牘付經畹趙秀三入燕之行値先生奉使出都又

③



未傳遞而還。今季十月、邵亭脊事于禮峯先壠。在長
湍府歸期尚遠。而盧生哲欽、隨進貢上价徐公俊輔
赴京。故此書幅依舊緘。上盧生端詳。麤解文墨。當
躬造拜謁。伏乞示款。切仰。庚寅十月二十日彝問

又白

承薦頓首再拜言、承薦皐戾極天。不自死滅。禍延
先妣。撰號擗踊。五內糜潰。日月迅駛。祥禫奄過。禮
制所拘。緣奪屈情。筵几已輟。巾裳頓變。瀕仰穹壞。

靡所逮及。去年四月、裁札付進謝副价呂公東植
之行。呂公未抵
皇都。殁於榆關。書竟不得達。十月、將訃書幷原牘、
付經畹趙秀三東國詩人之行。伊時先生乘軺南下。又
未傳遞。今年十月、永慶育專禮峯先壠歸聞宗人
彝問言書幅照舊緘封付盧生哲欽之行。未知此
番其能交納否也。設問比日尊體珍嗇、會聞先生
家學淵原。蚤擅名譽。仰想藝軏聯艸之暇、著作必

。富勿吝寄示俾開蒙陋也。李公出守河南。音信不㠯道路之脩夐。頻頻相通否。上李公書須卽傳致。而先生亦取覽。一一鐫誨。毋以疏遠而譴斥之。區區之望也。太醫李亨基、技業精明。兼通文墨。與永爵契分甚疋。今隨桐漁李相國赴京師。當更書造門。竊冀晤款。亦必賜荅。昏憒不備。謹狀上。庚寅十一月二十日。心制人金永爵狀上

案邵亭㠯道光九年八月、丁母李淑人憂。至是甫

踰朞年卽已除服蓋邵亭父忠州公猶在翰鮮用古禮父在爲母服朞故云禮制所拘緣尊屈情也父在爲母三年明太祖所定而翰鮮猶循古禮此其與中國異者石郵記

報翰鮮金邵亭解元書壬辰

邵亭解元足下鄭君來得十一月四日所惠書知肯書已達左右重蒙珍貺感謝不厓往聞雨帆先生盛偁足下東國通人深造自得篤信不惑爲不可及每念及此

未嘗不輟卷廢食也。海天萬里。一見無繇。東望樂浪。㠯增愴歎。伏惟譱飯自㤅。㠯慰㕛爾之思。辱問儀所箸書。儀生四十三秊矣。自齠齔中从先君子受經訓詁大義。略能通曉。顧自㠯經學至

本朝極盛。先儒舊說已備。不復有所論箸。而獨究心史學。箸有兩漢書辨誤。晉書摘誤。五代史記纂誤續補。歷代宰輔秊表。

開國㠯來宰輔秊表。凡數種。又詩古文各數卷。雖稍稍

饕次而皆譾陋無當未敢遂梓以問世也凡此諸作均
不足備大疋之采擇自茲以往庶幾學有所得或不無
見道之言爲足下所樂聞雖然時節如流老且將至恐
斯言未易可踐耳抑儀願有進者側聞足下疋好講學
言心言性剌剌不休厶竊以謂自有宋諸子以來斯道
大明直須身體力行耳明世講學諸家高譚性命及致
其行事或與所言剌謬此于身世無益徒啟門戶黨援
之習政如漢竇太后所謂儒者多文少質願足下勿復

效之當如萬石君不言而躬行也且言者道所發明亦因㠯晦詞繁旨富易使人惑爲害多矣又聞足下斷斷朱陸之爭于姚江詆之尤力㠯是爲吾道干城之衛此又過矣象山天資敏悟誠不免高明之過其所云易簡工夫終久大支離事業總浮沈益嘗㠯朱子爲不然然特其人悳稍異耳若乃清修姱飾胥體胥用卓然聖賢之徒固與朱子相頡頏也象山語錄中其言多直捷了當切理饜心豈獨鹿洞講義爲朱子心折哉至姚江之

學爲世詬病以其往往以禪雜之此亦末流學者之弊非陽明之本也許恭簡言文成宗旨原與聖門不異以性無不善故知無不良良知卽是未發之中立論至爲明晳斯言當矣自龍谿心齋石簣諸子務爲過高之論乃始流爲禪學明史儒林傳所謂篤師說上之去守仁益遠者指此明史王畿傳畿亦狂士往往篤師說上之持論益高遠出入於二氏劉宗周傳越中自王守仁後一傳爲王畿再傳爲周汝登陶望齡三傳爲陶奭齡皆雜於禪奭齡講學白馬山爲因果說去守仁益遠又何廷仁傳廷仁立論尙平實守仁歿後有爲過高之論者輒曰此非吾師言也葢凡流入於禪者皆

後學之過耳大氏姚江一派傳浙東者多流弊傳江西者多
實踐若鄒文莊歐陽文莊羅文恭吳文莊諸公言行粹
然不可誣也今寄上儒門淡語一編足下讀之知陸王
之學其異於朱子者在彼其同於朱子者在此則辯論
可息爾芻蕘一得惟足下留意裁詧恕其狂直而進教
之㝡甚㝡甚正月二十五日石邨帥方蔚敬白

寄懷朝鮮金邵亭解元

我聞周室初箕子封東土禮義敎其民田蠶俗猶古人

閒無閉繊○夜寢常開戶○三島架黿鼉○八條靖雀鼠○豆籩
持士滋○惟薄修婦女○柔順巽三方○肯賢每偁許○況今
聖翰與○
醲化敷海宇○文教漸東邦○份份類齊曾○異人閒挺生○壇
坫張旗鼓○講學胥淵原○傳經詳訓詁○金生學道人○濂濂
循覩巨○性理守程朱○詞章薄徐庾○狂瀾障百川○勦說都
無取○與我昧平生○詒書至四五○般勤數自通○願託金蘭
譜○萬里訂神交○此意堪嘉與○身非虎觀豪○文媿雞林賈○
乍海交游錄 八

望子艮復勞關山悵修阻何時暫相逢一見衣投紵入室坐春風聯牀聽夜雨開尊盡日留薌燭通宵語此願定難償衷懷漫傾吐庶憑明月光一照相思苦萬古海漳聲寒雲蔽孤嶼

報翰鮮湠三斯狀元艮厚書

湠君足下遠辱惠書具紉存注海天萬里瞻望爲勞想同之也儀生四十三季矣自顧無奇侅之才過爲元老鉅公猥偕忘其固陋㠯國士相期今復㠯姓名爲足下

所知滋自媿矣。承問中國選擧之㳒。

國家取士，首經義，首策論，首詩賦，而經義最重。自僮試㠯至鄉會試，莫不用之。僮子試四書義二五言六韻詩一覆試公四書義一加五經義一諸生歲試四書義一五經義一五言六韻詩一科試四書義一經史時務策一五言八韻詩一三季大比爲鄉會試試皆分三場首場四書義三五言八韻詩一次場五經義五末場經史時務策五會試後若殿試則對策。翰攷則試以論疏詩各一。詩亦五言八韻其佗雜試大氐皆用經義。不用經義者，惟詞科耳。本翰兩擧詞科試㠯賦一論一詩一館職大攷亦

左海交游錄 一　九

試以賦論詩各一詩五七言無定格僮試入格爲諸生。鄉試入格爲舉人。

諸生得與鄉試。舉人得與會試。會試入格然後得與

殿試。成進士加以

朝攷然後量能而授以官。蓋所以登進人才者如是。其

詳也。足下東邦名流。著述可爭敎儀否。佗日使至乞一

見賜也。正月二十五日石邨帥方蔵敬白

送朝鮮正使鄭經山尙書元容東還

竭來尊酒數流連。萍水相逢恰有緣。舊雨幾人懷使下

⑮

東風一路逰唫鞭文章結習眞難遣道義交情總可傳
此公海邦同問訊好將消息報諸賢
膏腴世閥比韋平詩禮傳家薄滿籝（鄭氏爲翰鮮甲姓絫世皆至公卿）
門搆祇應承賜戟宦涂況復領文衡（經山公季知貢舉）憑看箸
作盈蓬島蚤脊聲華過栭城我欲折梅還寄遠知君良
苦憶春明

贈經山令子周谿進士 基世

不是中翰弟一人漫勞過訪駐文茵偶來日下通名字

眞覺天厓若比鄰千古論交懷縞紵一家濟美掌絲綸平生海內多知己翻愧虛聲到弁辰

翙佩翩翩入

帝鄉風流人共指何郎（周翁時秊十九）鯨魚近接神山浪駱馬遙觀上國光騰有新詩唫露冕那將舊瘦憶霓裳佗秊好記長安邸談讌从容歡碧香（韓鮮酒名）

附錄來書

春杪承拜覆函迴環莊誦迄于今未已不審足下

近祉康泰从容淸䕺之地箸作必富不識可賜教
否景星慶雲得睹爲快者政指此也東國諸先輩
遺集叠袠浩䌛未易攜帶容當另覓信便呈正圖
副疋屬耳畏齋程氏曰性理字訓程逢原所增廣者語約
而義備如蒙家䲭讀最便初學此儀所寤寐未見
者倘蒙來惠資其講習則沐浴于足下甄陶之內
無窮矣上雨帆先生札要須轉致公歲回報如已
到今便寄䟽獲奉萬里神交隔季音墨則其喜當

如何。肅此布候。統惟崖照。辛亥十一月四日邵亭

金永爵、再拜

艮厚頓首。石邨內翰執事、往者艮厚入都。郎聞中翰賓人、盛推執事之才。其廷對策。醕茂典疋。當今無比。艮厚獲而讀之。果然、所聞不虛。伏想近日。體候佳勝。榮問益美。著書更多矣。聞中國取士。專尙四子書。今執事以策見重于時。設問中國取士之法。如何。亦用詩賦否。艮厚

東海鄙生知識淺陋執事如不棄願胥以教之上
雨帆先生札胥卽轉致勿滯喬也十一月五日滯
良厚白

儀在東國時聞執事盛名久矣常願一見今胥胥
傻心竊喜之此心雖則如此纏綿而執事何繇知
其然也家君以季貢上使進京隨侍抵此擬于今
日親造屏下請教胥許撰贈否立竢回音耳辛卯
臘月二十日東國人鄭基世再拜

⑧ 石邨內翰執事。春翰尊起居衛重。本月初九留約。
明後日俱胥公餘。侶攤抽厺。今日蚤飯後。當要進。
執事雖無暇。旁少圖閑瀞。如何。新正初八日蚤鄭
元容再拜

⑨ 自
園還路。歷游萬壽又塔諸寺。臨曛始抵館。手教留
案。披繹欣慰。向進失晤。至今耿耿。執事如胥暇。未
可以近一晤邪。歸期財餘一旬。阻闊如此。良覺黯

⑩

然詩扇依教奉和專价敬呈不備十七翰經山鄭
元容拜

經山尙書咊詩

从容笑語榻相連豈識天涯胥此緣投分交酬季
札帶畱情互贈繞翰韈過痕囊貯詩篇在思寢畱
臧信息傳願子雲龍昭契遇好將經濟比肩賢
楊栟春風關路平親爾詩字滿箱籯阮山神契雖
同調鮑謝高才敢抗衡馬首雲煙迷北塞樽前艸

樹憶春城君應料得思君處明月蓬州夜夜明

報翰鮮金邵亭解元書 癸巳

邵亭解元足下曩讀手書叨承拳注迴環三復感泐又中重辱撝謙下問阿戎兒子庸愚無長文之才不足爲羣拜紀過蒙猥假用滋媿比惟道體味豫起凥勝常省書知頃繇丹邱入越中覽勝金剛汎東海觀日出往還數千里游可謂壯矣古人得江山之助而文章益奇足下放眼海天窮搜祕奧想所得政復不少也戍絅齋

究心琴律亦好古博疋之士也所言古琴尺寸特器數
之一節其說楸見經注及諸傳記無煩贅述承惠瀠三
兩箇紙五十幅聯紙二軸已至敬領聯紙一軸迢迢千
里鄭寄維覲厚意殷勤弗諼永矢矣其瀠三兩箇紙五
十幅聯紙一軸謹因來使繳還
聖翰統壹芋夷東中翰貢之使一歲數至吾輩奔目遒
義相交好但令信問常通足矣不必目餽詒爲禮也附
寄詩牋一匣乞詧收時節如流努力自悉正月二十日

石邨帥方蔵白

報韓鮮潑三斯狀元書

潑君足下承來問懷人纏綣臨風展誦銘感殊深就稔尊候冨嘉甚㠯爲慰寒暑遞嬗光会不畱秊矢之催志士所惱不審游息之暇頗復肴所纂述不東中亦多佳士與足下叉議如邵亭比者可幾人也寄雨帆先生書即遞公薦船已丁憂回籍來札雖於覓寄今仍付還望詧收方春即事多欣惟冀隨時自愍正月二十日帥方

㉒

啟白

報朝鮮鄭周谿進士書

周谿進士足下都門一別歲籥旋更回憶芳儀載勞遠
企卽日起居萬福省書知歸途平善想雜藝生樹芳艸
彼隄望楊柳之依依無非麗矚當不復存行役之感動
離別之思耳聞近休息城南瀞坐讀書學問日富擴充
識見已成脊用之才庶承堂搆之基無媿棟梁之選佗
日位望通顯榮問休暘兗寵交游多矣儀奉職詞垣錄

[illegible][illegible]之存錄 卷一　七五

錄如舊近況麤適足慰塵懷惠貺諸珍謹領牛黃淸心丸三枚敬謝其摺扇窑梳煙器三事仍因來使繳還吾輩遵義相交所以通殷勤者原不在此此後但令信問不絶幸勿遠事饋詒也寒往暑來護自珍衛附寄詩牋一匣乞督收正月二十日石邨帥方歲白

次韻翰鮮潑約軒都尉 顯周 見寄卽題所著海尻齋詩鈔 顯周字世求別字約軒翰鮮豐山人以主婿封永明尉海尻其所尻齋名也潑氏父子兄弟皆能文而顯周獨工詩聞余名以所著海尻齋詩鈔見寄且係以詩次韻酬之

㉕

東海育才子嗜書如買耽騷壇富瑩咏錦囊時時撥翰
墨疋自惱風流使人懃奇才出賓胄生小虓負儋濟濟
伯仲閒交柯珠樹三文名斗瞻北士望車指南一編遠
遺我驚喜甫開函那厭作詩若還沾說士甘如君特雄
駿萬馬宜皆喑老我忪鞭策馳驅良未堪

報翰鮮金邵亭解元書

邵亭解元足下得七月二十六日書辱承注勤勤感
切奚侶比想履候佳勝甚休甚休足下造詣日湥剴切

精詣卓然胥所成就悄儀相違數千里不獲昕夕過從
相與切劘講論攷麗澤之益也儀春中繇翰林改官御
史公事緐瑣不復得从容問學如曩時每當粲月淸風
晨鐙莽燭念足下大疋宏達塵外翛然翫山水之淸音
得孔顏之眞樂未嘗不東望悵歎黯焉傷褱雨帆先生
冬閒將奉訃入都須其至當取還報奉上迎冬凖汝惟
冀隨時珍攝見鄭周谿進士幷爲問訊近狀也九月二
十四日石邨帥方蔚白

# 附錄來書

石邨內翰足下、鄭周谿還。承不鄙。長牋見寵。幾至索干百言。講劘學術。陳義甚高。重貺扇頭寶什。詞忩情摯。心肺相照。非足下疋眷之厚。何㠯及此。周谿盛稱令嗣妙季俊逸。允爲謝家玉樹。想應承詩禮之訓。振箕裘之業。攢賀之極。渼欲通問子舍。㠯敦世好。冗纏未之果。乞爲我布此傾鄉之意也。獲聆足下。叩馥曳家揆天大筆。釐述等身。計當明乎

得失發爲經濟豈但證誤辨譌而止須毋過事撝
謙因風寄睎得使謏陋昭然若發蒙也朱陸之爭
非敢妄揷牙頰詆訾前哲祇是直攄管見就正大
方冀聞高明之論辱蒙鐫誨至諭以不言躬行感
佩欽誦書之于紳而况儒門洙語一冊無非明訓
的論頫首而讀奉爲圭臬至若禪學原流此僕思
息無暇辯難容更竭愚以備財督矣儆爻成綱齋
才气英發學識淹貫近究心于琴律寄一書要儀

仰質于足下。故茲附上。旁博問當世知音之君子、一一剖析而賜教焉。河南驛使。果能絡繹。頻接雨帆先生信息否。札牘裁呈。伏祈代致。儀春葬繇丹邱。入越中。歷覽江山之勝。順流而下。泝來又入金剛。窮搜靈眞之境。汎東海。觀日出。總計行三四千里。卸裝屬耳。使車將發。艸艸數字。用揆起居。畱族續罄。統惟亮照。不盡欲言。壬辰十月之望。邵亭金

永爵再拜

艮廓謹啟石邨內翰執事、儀昔在都。得見李雨帆先生。又因雨帆先生、納交於許蕅舲先生、兩先生中萼大君子也。皆不我遐棄、嘉惠而進教之。海隅下士。不意脊此奇遇。可謂榮且夸矣。儀又伏聞執事負不世之才。鄉慕甚殷。分淺緣擘。不獲一見中心繾綣。何日忘之。執事豈知之乎。惟脊望風懷想而已。寄雨帆蕅舲書。即乞付交。如脊還報。亟望轉交。思念之誠。匪朝伊夕。祈諒之也。隆冬盛寒。惟冀

爲道自重。壬辰小春望日。濊貝厚頓首

入長安都門。以後。第一番得瞻中翰名士之儀者。卽執事也。遂學博識。非管蠡所窺測。而溫容如玉。芳操侶蘭。卽其外而已。令人胥感悅慕往之盛。况嘉誨。以勉之。珍字以寵之。繾綣殷勤。何可諼也。剛已經序。想臺體萬禧。令問休暘。榮祿日隆。賢嗣省采。亦增歡愉。紬經講道。日就宏博。每對金邵亭。未嘗不話到亹亹也。儀今春行車穩旋。依舊城南敝

⑲

盧瀞坐讀書而嬾怠日甚學業不進恐虛臨刖時

期勉之盛意艮愧艮愧茲因回使之行謹修尺

之儀不識遒兊壬辰小春大雪之日周谿鄭基世

潑約軒都尉來詩

生際太平日性癖惟詩耽家庭勸酬唱山水竆搜

撚到老之佳句開卷艮自愧漫錄日吕積牛要焚

奚償全棄無可惱苟存十二三闖見意孤陋風气

限北南中州慕名士萬里輕寄函此意詎沽衒覆

瓿囿所甘淸鑑刪姸醜艮藥破聾喑志願於斯畢
感激吾何堪壬辰小春朝鮮馹馬豐山洪顯周再
拜
元正覆函慇感交中不審閒者尊體珍練儀晨昏
之餘鹿鹿無它狀方从大慈丙舍歸逢進
香使价于碧蹏館苘遇傻闕候心甚悵觖艸艸寄
數字乞須亮恕辱賜回教如獲薌燭對話攄寫衷
𥿻區區之望也雨帆信息可能昄及肅此布候不

備伏惟照詧癸巳七月二十六日邵亭金永爵再
拜

報朝鮮金邵亭解元書 甲午

邵亭解元足下成生來得二月十二日所發書辱贈新
詩並高麗名臣傳一套所以惠貺之者甚厚敬謝即日
履候清勝惟冀善自珍衛以慰故人之思儀忝春餘館
職擢任言官職事稍繁來章媿未能咊承索所著文字
曩雖稍有纂述自顧謭陋未敢遂付梓人佗日當錄寄

數通奉酬芝意屬作石帆亭記已搆就謹奉上誠自審文采樸拙不足爲足下重然良友肫肫之意不可負也故勉爲之不復辭足下取其意而略其文斯則可矣所寄雨帆先生信件已付去去歲十一月雨帆先生膺薦入都儀爲言邵亭婁有書來而先生未一荅書宜有以報邵亭者先生云年來案牘勞形公事尟暇邵亭書未一荅良以爲歉今當作百許字須便來卻寄邵亭耳然先生雖有是言在都小住旬日悤悤還郡竟亦未及作

也潑三斯來信幷所致許潘札均收到滿船服尚未閱
容埃覓便寄交觀三斯意佀疑儀見距三斯肯寄滿船
札因儀轉逢會滿船已以憂交故遂繳還原緘非儀故
難之也往歲三斯以書抵雨帆先生其與儀書已有潑
喬云云今來函復云聞中朝士大夫以外交爲嫌東國
服事之誠與內地無異不當見外此又懸揣臆度于情
事甚未然也
聖朝中外一家朝鮮世守東藩朝貢絡繹使臣在都下

㉙

得與士大夫接見況書問往還有何嫌疑且儀與足下數四通書情好無間儀未嘗拒足下何獨拒三斯哉儀不才性好讀書而疏於世故自度無大譽然平生立名義不妄言與人交胥始終爲我謝三斯如㠯我爲友當㠯誠信相與如不㠯我爲友而徒欲藉㠯爲寄書郵則請从此辭不必復相聞問矣謹略陳固陋乞裁答焉四月十八日石邨帥方蔚白

朝鮮金邵亭解元又一石帆亭記

朝鮮自漢暨㠯來。常通中國。前史偁東夷天性柔順。異于三方之外。有君子不死之國。而朝鮮故箕子所封。仁賢之化存焉。自周初箕子之朝鮮。教其民㠯禮義田蠶織作。其俗不相盜。無外戶之閉。婦人貞信不淫辟。飮食㠯籩豆。其後俗稍益薄。而人物秀美。士多服習經史。往往有宏達淹疋逴躒英髦之才。

聖朝中外一家。聲教四訖。玉門陽關㠯西二萬餘里。咸入版圖。朝鮮世守東藩。自崇德初感

恩歸附。久著誠款。朝貢絡繹。史不絶書。雖名外藩。
朝廷眎之、猶內地郡縣。其陪臣奉使朝覲。班佗國使臣
上。京師特置邸。得與中朝士大夫接見。禮之異于諸外
夷。金氏爲朝鮮舊家。邵亭胥儁才。好學譱屬文。身未嘗
至京師。丙戌冬、其友潑君三斯入都。邵亭目詩贈行。吾
師雨帆李先生。見而亟偁其才。且味其詩。邵亭感先生
之知。願納交焉。三斯東歸。求得余
殿試叅子厺。邵亭見而慕之。詒書問訊。自託交好之末。

自是每輪鮮使至輒因使者寓書問起尻歲㠯爲常邵亭旣知吾兩人顧悒不得一見也乃郎三人刪字各取一字顏其室曰石帆亭晨夕嘯咏其中㠯寄思慕之意新城王文簡尻第故嘗有石帆亭嫌襲其名故益之曰又一石帆亭此其意可謂誠矣夫邵亭與吾兩人㠯道義文章相切劘未嘗相見而歡然如舊相識至于今雖通書數四綢繆繾綣然終未獲一面也韓非子偁張敏與高惠友每相思不得見輒于寢中尋往行至半道即

迷不知路沈休文詩所謂夢中不識路何以慰相思者
也然敏與惠特以離索久而相思非吾三人始終未獲
一面者比宜邵亭念念不繹尤甚于舜常契闊之情雖
然揚子不云乎朋而不心面朋也友而不心面友也朋
友之道在乎相知以心耳心不相孚則皃合神離雖終
日晤言同堂不啻萬里也心苟莫逆則志同道合雖終
身阻隔萬里不啻同堂也邵亭之于吾兩人將友其心
乎抑友其面乎邵亭當能自擇之且所貴乎友者豈爲

尊酒談讌游戲徵逐誇聲气侈交游而已固當㠯道義
文章厎厲㠯成其學也夫人之學也得于天者半得于
人者亦半其取于人㠯爲學也資于古人者半資于今
人者亦半邵亭與吾兩人爻晏坐亭中讀其文如見其
人推此意㠯求之卽古人皆吾爻也豈獨萬里無間千
載㠯上皆如聚處一堂耳邵亭讀聖賢書其益擴其所
未知踐其所已知身體力行實事求是不欺幽獨不怠
久要凥是亭也而常如見吾兩人焉此吾兩人之所望

31

于邵亭者無族論文而憶一舜開徑而望三益已邵亭勉乎哉是爲記

報翰鮮澂三斯狀元書

澂君足下遠辱惠書殷勤甚厚百爾之睨何以踰之儀因邵亭以知足下過蒙不棄附託交好而足下啻但不相信蒙竊惑焉往者足下以書抵雨帆夫子屬儀轉致而所與儀書已胥澂喬云云么怪足下何譏疑也么歲寓書滿船會滿船已以憲么故以原緘奉繳而足下遂

疑儀胥意歫之今茲來信云聞中翰士大夫頗目外交爲嫌東中服事之誠與內服無異不當見外此又縣揣險度抑欒捫燭之譚也

聖翰中外一家翰鮮世守東藩號稱恭順使臣至都下得與士大夫接見況尺牘往還胥何嫌疑且儀與邵亭數四通書講學論文首問不敍何獨于足下而欲歫之足下所慮不已過乎聖人稱緇衣信之足下不目我爲交則已如目我爲交當目誠信相與毋匿情而懷詐也

暑中千萬自懸四月十八日帥方蔵白

與韓鮮鄭經山尙書書

經山尙書足下往歲足下奉貢入都獲相邂逅觀其言
論風采自四牡馳驅之選也分袂無幾忽已三秊每誦
東山之詩曰增不見之感道里悠遠睽異日深晤對末
繇音塵多阻離索之歎古今所同比惟眠食勝常起居
康吉聞頃離禁近觀營平安足下文采風流久擅時譽
高車出竟悵韓班文采風流想望　兹者擁旄杖下都與
閒灑約軒都尉遂經山奉倣詩

一方必能化洽行春風澂坐嘯英猷允於吏職疋望重
于藩條夫易俗迻風宣幽理滯使者之任也韓鮮育仁
賢禮義之教文物為諸夷最而近日民俗浮偽澆漓椒
檖寶緜胥徒足下將何以道之齊之章志貞教納民軌
物歟至于昌明正學扶翊迪教尤儀所厚望于足下者
足下可不勉之乎令嗣秀異克承崇構誠遠到之才也
晨夕趨庭飫義方之訓所詣當更精進博習經史毋驁
浮名而遵實學惟足下諒教之四月十八日石邨帥方

㉟

蔵敬白

與韓鮮亚使澂冠嚴樞密敬謝書

手教至存注切切甚感盛意日來公事匆暇不及再晤

艮用怊悵然爾爻之遺貲㠯心而不㠯面儀所與彌亭

書及足下來書具言之矣以此業廣功崇嘉譽遠播故

人之望也何必㠯數數謀面爲快乎行已有日惟冀譱

自珍衛割愛子之痛㠯禦山川風露之苦承附託交好

儀聞流俗之爻務在延譽君子之爻期于聞過足下固

無㕥儀之延譽也ム懷耿耿竊願進覲足下㠯當臨別
贈言之義足下其樂聞之乎夫聖人教人謹言爲先此
入悳之始也足下齒衆貢于邇未能深造而多易其言
書偁惟口啟羞易偁樞機之發榮辱之主慎之又慎然
後不至召羞而取辱㚏啚意毋忽詩扇一柄幷簪收㔫
月初六日帥方蔵白

遂翰鮮正使滋冠巖樞密東還

帝城遙指五雲深駱馬嘽嘽遠獻琛幾茂奉國書踰鴨淥

冠巖兩充貢使頻傳

翰旨過雞林兩行官柳沾唫與一闋焦桐寄賞音同行成生

善琴衆老西河還哭子蕣爲庾信賦傷心冠巖新育子喪

傾蓋歡然笑語親漫將膠桼比雷陳要看蕣雨趨周遒

長對淸風憶故人冠巖贈余團扇一握雙下入關推國士一編藏

篋富家珍冠巖曰其季父薰谷所著乃文大貫圖卦發蘊圖書衍象玩易大旨諸書見贈海尻

齋裏高唫客定識藝兼藻思新謂冠巖族子約軒都尉

贈翰鮮成絅齋 載詩

邵亭偶汝才英發左海聲名預勝流今日遙傳高詠至絅齋呂涂中諸詩見示此來不負上京游風清月白閒三弄絅齋諳琴水遠山長又幾鄒我媿行人頻見訪文章不是大蘇儔

附錄來書

忩烁碧蹏路上逢使付書凾恐未達左右也從姪鼎集銜命赴京師儆叐戍絅齋隨後車卽荷歲問琴律者日下傾蓋想多款洽悵不得躡此身於尊酒譚笑之閒也不腆土儀曾修執贄之禮遂致緻

還愧悚交并高麗名臣傳一袠奉呈庸備攷證舊叟之資此與饋遺胥閒望須照收潑三斯王父湛軒公乾隆丙戌入燕與杭州嚴鐵橋陸筱飮潘烋庵邂逅旅邸道義相勉數十秊音墨常通至今傳爲美譚三斯欲修世好嘗撰雨帆先生納交許薦舲司業問訊於烋庵之孫帶銘亦一奇緣今胥寄薦舲帶銘書乞足下曲爲之代致俾續舊契爲甚足下箸述及詩文儻未入梓命小胥鈔寫遠贈俾

于小齋閒坐之時。焚香展讀。宛見須眉。未必無助
于千里相思也。儀字惪変。因取季高惪邵之義號
邵亭。自與雨帆及足下證交。日來扁所凥之室曰
又一石帆亭。葢各取號中一字。而王漁洋新城里
第有石帆亭。故目又一二字。刪之爲我製邵亭又
一石帆亭記文二通。回軺付投。如何。肅此布候文
祺。統惟心照。甲午仲春旬有二日邵亭金永爵再
拜

雨帆汲引後來英。石郵丙戌會試出雨帆門下淡墨新題到淚城。虎觀編書推叟例。石郵究心叟學多胥著述鯉庭趨禮鑑家聲。故鄉地近滕王閣。石郵江西南昌府人內院人傳陸相名。石郵官翰林院編修鑾布繡成春霽句。苔岑神契託平生。

嵩洛春風太守車。馮君萬里遞雙魚。寄雨帆書皆餘石郵轉致旁修交好追僑札。媿許文章薄庾徐。性理守程朱詞章薄徐庾

石郵贈句

關梆遠牽中夜夢。驛梅長寄兩季書。江西詩派河間樂。石郵江西人雨帆河間人海外知音獨胥余。

吾儒正脈溯程朱。分派姚江各自殊。不是隨聲依州木散云衛道闢榛蕪。南畇法語承心眖。石邨贈彭南畇儒門法語一冊西竺禪機辨志趨。姚江之學流入于禪闢說良知同未發。許公遵訓信然乎。石邨書中引許恭簡公語云文成宗旨原與聖門不異呂性無不善故知無不良良知即是未發之中

萬里皇華遂阿咸。石世姪奉使上京都門餞酒濺春衫。湖巖神契皆詩瘦。余與中湖綱齋聯句今綱齋起巖瘦中隨使東而行海嶽奇游又使銜。壬辰烁余與石世姪遍遊海山名勝勝國名臣編史策。余贈

(30)

石郵高麗名中翰學士遞書函紫雯軒裏論文日

臣傳一袠

好把交情證石帆余與石郵雨帆證交扁所凥日石帆亭

道光甲午仲春邵亭金永爵拜呈

往瀆一函重蒙賜荅媿謙之極比惟文祉清安公

暇嘯咏著述盈叠祈得一二開我茅塞洗我塵俗

務勿過事珍祕也慕仰山斗積有季歲關河阻鬲

不獲一晤有如黃叠上尚爰每與邵亭論及爲之

悵悵寄許漪舲潘帶銘二書覓望轉致帶銘卽故

翰林院編修潘炑庫先生之孫也。曾有世好。欲續舊誼而無緣。因藉澫舲以通音問。季肯得一書而謙幅無路可逢。乞爲我傳之。或并付澫舲傳之。亦可聞日下名碩多以外交爲嫌。赫蹏往來甚有不韙之者。殊非包容無外之意。今
昇平盛世。四海一家。我東服事之誠。視內服無少損。但當無中外之嫌。而限以一帶鴨水。遂爾見外。肯有一顧。先生豈其然乎。幸恃厚眷。敢煩傳書。勿

如肯番還之也甲午二月十五日澂艮厚頓首

日肯進謁稍釋翰飢伏惟臺體珍佳爲頌溯慕山積意謂入都之後昕夕晤語㠯展宿昔如渴之誠適會先生公務鞅掌不獲時造門屛區區之懷如有所失今歸期漸促不敢不一再拜藴且正使澂冠巖先生于執事久褱識荆之願企望另日約示偕進軒下也先此挨候統惟亮照四月二十日成載詩頓首

儀海外遠人也。以海外遠人託契于中華士大夫。豈不榮且夸焉。而況足下虛心開懷。恕其妄而牖其迷。使之盡言于前。此古人所以示人以廣之意。而自顧愚賤之跡。何以得此于中華士大夫也。感何之極。不可名狀。以其激仰之心。財得片時之歡。未克竟晷而歸。悵悵實多。閒擬更造。以畢未盡之懷。而足下既擘訂期。且儀于悤戚之餘。身恙甚苦。亦未書候。今焉使事已竣。歸期在卽。將無繇更瞻

兊儀夫人之相交原不在顏面不以心而以面是面交也不以面而以心是神交也苟能兩心相契千萬里如庭除千萬載如朝夕何必拘拘於顏面之知與不知聚散之久與不久哉儀今東歸縱未覔面託以心契時寄楮墨如犀之通如鏡之照可謂天涯之比鄰也世固有覿面千里者若茲之異地同心視彼促膝淡譚或有過之靡不及焉足下以爲何如病伏寓邸抖擻神情今茲奉候兼申剛

語。惟望足下爲道自護。甲午五月二日澂敬謨頓首

外附刀文四冊、大貫二冊、圖卦發蘊一冊、圖書衍象二冊、玩易大旨一冊、

儀之季父薫谷公、邃於易學。多所著述。玆呈奉質。已先生高明之學。必有折衷而理會者。如蒙郢斤之政。豈不爲海外遠人之幸耶。儀季父名羲俊、字仲心、別號薫谷、乾隆甲寅、道光丙戌、嘗兩赴京師、

繇文科現官檄奏大臣春烋七十有四。敬謝又白

節屆天中。百祿鼎臻。攢手遣賀。亞子元翰頊奉珍

錫。便面大箸。言情寫景。溫厚咊平。一凝眸間。恍若

廁跡於豪壘之間。此非中有眞气。何㠯能使人如

是。澣薇莊誦。三復難已。其欣如獲吉羽。其感殆踰

百爾。相對儘記須眉。交話不過時刻。而足下奚取

于遠人。鄭重惓惓之意。如是勤摯耶。悲痛之餘。不

能賡咊。媿甚。愼言之訓。謹銘肺腑。心感何極。東歸

枉卽相見無期惟祝千萬珍重端陽後一日潑敬

謹拜上

報翰鮮金邵亭解元書乙未

邵亭解元足下遞到手書具紉厥注展誦之下如對我

炙而與之評隲文字商略古今也是紓飢渴之懷非假

來脩之問甚慰甚慰來書備石帆亭記夫人之學得于

天者半得于人者亦半資于古人者半資于今人者亦

半吕此知儀滚造自得之功自得渠敢輕言方當與足

下共勵之耳學問之道其竟無窮足下如以儀言爲然毋恃天分而棄人功毋執己見而遺人誰則學日修而德日進矣儀忝居言路足下乃爲儀備廬陵之所以規范司諫者儀之錄錄何足上希古人惟旣剖此宦要當自勉以仰荅艮爰厚相期待之意足下篤信好學不惑歧趨力詆陽明以爲禪學而來書乃用由旬字此獨非釋子語乎刷紙備尊公壽躋八十句儀作序爲堂上嘤餉祝卽應撰寄値新正公ム匙暇筆研塵封稍閒當卽

竭愚已副疋屬足下儒者至求老君極星圖畫已壽其親殆未免流俗之見存竊爲足下不取也使還在卽悤悤布復惟冀時自珍攝正月二十五日石郵帥方葳白

報翰鮮淑冠巖樞密書

冠巖樞密足下春明判袂鵬蟲倏遷東睇海雲已增馳溯適承手翰如獲面譚循誦再三未忍舍㕘旦餘積戀之久也所陳諸經疑義具見足下好學深思之美惟所舉各事大氐先儒已胥定論顧足下未之見耳東中書

鐇鈹略。攷訂無从。遂令足下懷疑。不能釋然。良可浩歎。
過蒙虛懷下問。值儀公厶叢雜。無暇爲足下徵引傳注。
疏通證明。巽時如胥餘閒。當博逑所聞。一一剖析。呂祛
子之惑。志頃晥倉何侶。足下體羸多病。勿因悉子過傷。
愼疾加餐。勉自調攝。是所切企。正月二十五日石郵帥
方蔵敬白

附錄來書

初烌絅齊還自京師。裒致足下手札。兼獲所貺。又

一石帆亭記文一通發函煥然欣感難喻記中夫
人之學得于天者半得于人者亦半資于古人者
半資于今人者亦半从知足下深造自得之功末
乃勉之曰攢其未知踐其已知敢不銘佩鐫誨吕
無負足下期待之厚又一石帆亭三字欲求擘窠
大書扁揭堂楣勿吝揮灑賁我蓬蓽爲惠多矣昨
又从絅齋處得見足下濟南試院即事詩非但格
律之清新詞句之精切亦可想見足下鑑空衡平

之義婁迴莊誦欽歎無斁聞公春擢授御史已足
下清名直聲想當補
衮職振憲綱夾贊
聖世平明之治甚盛甚盛謹將盧陵之所勉于范
司諫者爲足下誦之吾來詧焉雨帆先生徂冬癠
薦入都少住還郡雖未奉一字之書而獲訊于三
四季鬲㘻之際猶云至吾今又寄音祈覓回牘已
付千萬跂禱石世姪原隰馳驅使事倥偬迄未能

造候修好啣悵而歸絅齋家在坡州劒橋郵距王城數繇旬近久未晤故玆無信勿瞋責也郎日起居康泰統希爲時自重用慰遐思旣書喟然心馳几案之下不勝感激依戀之至甲午十月二十七日邵亭金永爵再拜

家君來歲壽躋八袠國制在鞠籍者年八十例加恩進袠將于元正授通政階三品下大夫之職也儀之長子年已十三欲以明春行冠昏設慶讌用

俱高堂之歡○設此薰沐○乞言于大君子○奔賜序文

詩詞○㠯副小子頌禱之忱○如又獲老君極星圖畫

之類○金題玉軸○張諸壁上○則光藝絢爛○其喜當何

如邪○國家五百季○治化薰蒸○人物熙皞○翰野季七

八十者○比屋而尻○每歲州郡奏百歲㠯上者、指不

勝僂○而儀之先世、勳伐歲晼○弈葉圭組○家君生長

綺紈○積學工文○五十成進士○六典郡縣○至忠州牧

使○淸愼謹約○慈諒豈弟○奉浛守公○不求赫赫譽○所

至輒胥公後○思晩育不肖、慈掩其嚴○未嘗施訶責夏楚○而諄諄勸誘○以身敎之○不肖之麤識行墨○稍自成立○不至陷溺于非義者○莫非家君之敎也○世父相國敬獻公、出將入相○績庸茂著○年登九十蒙賜几杖○今家君復亯遐齡○一門吉祥善事○殆古今所罕胥○願得椽筆鋪張揚厲○永諸不朽○惟大君子畱意焉○(儀)胥二子、長名恒集、次名升集、古胥三加請賓之禮○叓乞大君子命其表悳○釋其義○作字說

以惠。俾兒輩顧名而思。時自警懲。此九區區之望
也。永藏又啟
曩入都下。疋聞先生之大名。日日溯仰。奉蒙先生
開閣延士之盛意。聯陪於茶煙豪墨之間。半日觀
悳。只恨不以言而代以筆舌也。東歸胥月。戀慕日
殷。此生此世。更無以奉歡。悵恨彌切。而心心相印。
千里如庭除。何必以面爲也。寒气總至。伏惟起尻
晏重。儀悲痒成病。逢烋未蘇。只胥甚衰之歎耳。儀

僮習白紛平生藉力者惟在于經叟求諸就實之學優觕於六經堂奧於左叟門牆於八家遠而遁悳性命近而名物字句必欲其縷析豪分而津涉浩如開海披臏紛如縷絲斗筲之才力不得不望洋回首殆如燕書之郢說況又載籍未博徵信無階微辭則隨他糊塗晦意則歸之鶻突是爲平日之悵欲爲仰質于君子者足矣翁逢君子哉先生而

儀適因西河之慟含意虛歸今茲曰平日之所

蓄疑者。錄成諸條。總其蕪。拙仰叩洪鐘之大音。發須細覽後、一一逐條辨破。使海隅局見。得以厲迷而指南。則豈不大發也哉。茲因季貢便、兼候起居。不備、

舍叔所著乃文大貫諸書。侶己泜覽。不至見笑于方家而可以傳後否。亦望賜教焉。

甲午十月晦日冠巖洪敬謨再拜

江西學院前
鄭翰墨居鐫

# 左海交游錄

咫聞軒藏板